この「名前」で、人生が変わった。

幸せになれる「名前」を
見つける方法

なかやまうんすい

自由国民社

はじめに

2023年3月くらいから、一気に名前に関しての相談が増えました。
それも若い女性や出産を控えた女性、ヤンママも多く、20代の男性もいます。
内容はというと、

「来年、キラキラネームが使えなくなる？」

「キラキラネームが法律改正によりなくなることで、これまでの読みにくいキラキラネームの人が差別される？」

「この漢字の読み方って戸籍係では受け付けてもらえませんか？」

「どうしてもこの漢字をこう読ませたいのですが？」

「なぜ急にこんな法律を作ったのですか？　ほんとに名付けに困ってます」

などなど、2023年2月に発表された戸籍法改正案について、さまざまな不安が急増しているのです。

これまでは産まれた子供の名前については戸籍の届け出に際して、定められた2999の漢字の中でどの漢字を使っても、呼び名（読み方）の規制はまったくありませんでした。音読み、訓読みに関わらずどんな呼び方をしても良いわけですから、たとえば「星」という漢字を「ひかり」や「かがやき」と呼ぶのも自由でした。

ところが、2024年からは戸籍法改正で、どう見ても読めない名前の呼び名や、読みにくい名前の呼び名は戸籍に登録できない可能性が出てきたのです。

いわゆるキラキラネーム改正法案（戸籍法改正案）です。

今、問題になっているのは漢字を正確に読める名前ではなく、イメージで名付けてしまった名前です。

これまでの赤ちゃんの名付け本や、人気の赤ちゃんの名前を多く載せた名前本の中にはおよそ読めないようなイメージだけが先行している名前も多くあります。

そういったものを参考に名前を付けた方々もたくさんいて、パニックになっていると聞きます。この〝赤ちゃん名付け本〟が、実は一番危ないのです。

「あの子の名前は戸籍法改正前に付けた名前だよね」とか、「今ではあの名前は付けられないよね」などと人から言われるのでは……という不安もあるようです。

そんなことからも今回の改正にあたり、反対や異論、自由の侵害といった声も多く聞かれます。

「キラキラネーム」とは？

キラキラネームとは、主に外国語や、キャラクターの名前などに難読な読み方や普通の読み方と違った漢字を当てはめたりする名前を指す言葉です。また、奇抜な名前、奇想天外な名前などもキラキラネームと呼ばれる傾向があります。例えば──

男（アダム）
愛（らぶ）
希星（キティ）

七海（まりん）
希空（のあ）
皇帝（シイザー）
黄熊（ぷー）
姫星（キティ）
太郎（マイケル）
天使（えんじぇる）
高（ヒクシ）
一心（ぴゅあ）
月（らいと）
光宙（ピカチュウ）
今鹿（ナウシカ）
騎士（ないと）
赤斗（レッド）

などなどです。
この中には、実際に子供に付けられている名前もあります。

しかし、2024年の法改正によってこれらの名前がこれから新たに付けられるかという疑問です。実際に却下されてしまう名前も出てくる可能性があります。

それではどうなるか?

その結果、今後大きく増えると思われるのは、ひらがな、カタカナの名前です。

それであれば読めないということはないからです。漢字にイメージで呼び名を付けてしまうから却下されてしまう可能性が高くなるのです。

しかし一方で、漢字だからこそ、読み方の工夫の価値があるという人もいるようです。

ひらがなといえば、今から30年ほど前の話ですが、いつも行くお店で出版社の編集者と打ち合わせ中に、馴染みの週刊誌の記者さんから連絡があり、

「明石家さんまさんと大竹しのぶさん夫妻に赤ちゃんが生まれ、たった今名前がわかりました。ひらがなで、「いまる」と言う名前です。本名は杉本いまるちゃんになります。この名前の運勢とさんまさん夫婦のこれからの運勢はどうなりますか、できたらすぐに見てもらえますか?」

という内容でした。

その頃はネットもまだなくて、雑誌はどこも見出し勝負でいち早くスクープを狙っていた

時代。週刊誌の売れ行きも良かった時代です。

変わった名前、個性的な名前だなと思いながら運勢をその場で占い、記者さんに伝えました。

「『いまる』ちゃんは8画で行動力があり、男勝りで、外に出て活動するタイプですよ。しかし『杉本いまる』という姓名の『**総運**』(67ページ参照)は**20画**になり、結婚はなかなか問題があり、遅くなります。そして何よりも、いまるちゃんのこの『総運20画』により、さんまさん、しのぶさんご両親は離婚に発展する可能性が大です」

私がそう答えると、「さすがにお祝いごとなので悪いことはなかなか載せるのは難しいと思いますが、良いことだけ載せさせてもらうことになると思います」と。

そこでさらに名前の良い点を一生懸命に探すようにして話し、電話を切りました。

それから何日か後に週刊誌が発売され、見事に良いことだけが掲載されていました。

「いまる」ちゃんという名前は、明石家さんまさんが「生きてるだけで丸儲け」という御本人の好きな一言から取って名付けた名前なのです。

でも、初めて名前だけを聞いた人は、変わった名前だなあと思う方が多いのではないでしょうか。ネットで、キラキラネームと書かれていたこともあります。明石家さんまさんの名付けの意味を知った後では、なるほどと納得がいく方もいるでしょう。

いまるさんと同じように、ひらがなやカタカナで、例えば「キティ」、「きてぃ」ならば戸籍の届け出は問題はないはずです。

希輝《キティ》　姫星《キティ》　希星《キティ》　輝星《キティ》

のようなイメージ的な読み方を当てる漢字名をこれから登録しようとした場合に、登録できるかどうかが、今問題になっているのです。

実際に現在、私の所に相談のあった20代の女性は、名前がいわゆるキラキラネームです。彼女は女子大で就職活動している時に、いくつかの最終面接で必ず名前のことを聞かれたそうです。書類で落とされたケースも多く、結局彼女は希望の就職は叶いませんでした。

彼女自身は、落とされたのは自分の名前が原因だと思ったそうです。

そのくらい彼女の名前はキラキラネームなのです。

どうしても希望の会社に入りたいと思って頑張ってきた大学生活も、就活の失敗で今後に希望が見い出せないでいます。

金融系の学校推薦はあったそうですが、彼女の就きたい職種ではなかったそうです。

２０２０年頃、インターネットである噂が広がりました。

「キラキラネーム」の子供の親は変な親やクレーマーが多いから採用しない、というような内容です。もちろん根拠のないデマや噂と言われていますが、拡散されていました。

彼女もそのことは知っていて悩んでいましたが、就活の失敗によりさらに苦しめられることになってしまったのです。


「生まれてくるときに、名前は自分で選べない」


ここに最大の問題があります。彼女にはなんの問題もないのです。

「悪魔」「王子様」など世間で大きくあつかわれた名前がありますが、正直彼女の名前もこのような名前に続くほどのキラキラネームなのです。

「**自分の名前を変えてみたい**」

先生、私のような人、たくさんいますよきっと。

自分で素敵な名前に変えてみたい。

それで良い運勢ならもっともっといい。

そんな本出してほしいです」

彼女の言葉が心に刺さりました。


もう一人、男性で20代後半の方の相談のケースです。

彼は名前を出してもかまわないとおっしゃるので書きますが「風太」さんと言います。

子供の頃はそれなりに自分でも気に入っていましたが、25歳を過ぎた頃からなんとなく様子が変わってきたそうです。


「なんか軽そうなんですよね、印象が。

僕が40歳、50歳になった時に『ふうた』ってどうなんでしょうか？

動物園のレッサーパンダの名前にもありましたし。

この『ふうた』って名前を好きな人はいいんですよ。全然いいと思います。

でも僕は貫禄ないような気がして変えたいんですよ」


と言うのです。

読者の皆さんはどう思われますか？

その人その人の名前に対しての印象の違い。

キラキラネームでなくても、このような相談は増えています。

でも日本では現在、本人がいくら望んでも、簡単には戸籍上の名前を変えさせてくれません。


前著『名前で人生は9割決まる』の中でも書きましたが、お隣の国、韓国では2006年～2015年の裁判所への戸籍変更の累計申請人数は151万9524人です。

韓国の国民は、実に34人に1人の割合で改名していることになります。

これは、2005年に韓国の最高裁判所が出した判断「名前が気に入らない場合、個人の幸福追求権のため幅広く改名を許容すべき」が背景にあると言われています。

まさに、「自分の名前は自分で決める」国なのです。


今現在、戸籍に載っている自分の名前が嫌いで悩んでいる人が大勢います。

名前を呼ばれるたびに落ち込み、うつ的になっている人もいるのです。

名前に悩みを持っていない人からすると信じられないかもしれませんが、事実です。

また、名前の字画数が悪くて変えたいと思っている人達も多くいます。

でも、日本ではみんな戸籍を変えられないために、あきらめたりしています。

ちょっと待ってください。

戸籍を変えなくても新しい名前を使って浸透させることはできます。大事なのは戸籍ではなく「使う」という事実が大切なのです。

実際、26～27ページにご紹介する有名人の改名例を見てわかる通り、ほぼ全員と言ってよいほど、芸名やペンネームであり、本名はまったく別です。

そうなんです。新しい名前を「**使う**」ことで新しい運勢に生まれ変わる、乗り換えることができるのです。

有名人の名前がそれを証明しています。

そして、有名人だから特別だ〃というわけではないのです。

自分自身がその新しい名前になりきり、ネットや郵便物、名刺、FAX、持ち物への名前シール、戸籍上の名前が必要でないポイントカードなどなど、あらゆるものに新しい名前を使うのです。

すると、信じられないことが起こります。

名前の文字には、文字を作るときに込められた魂が生きています。文字に「霊力」が宿っているのです。

私はそのことをずっと言い続けてきました。

悪い霊力を持った現在の名前にサヨナラをして、良い霊力を持った新しい名前で人生を楽しんでみませんか。

「**名前が変わったら人生が変わった**」

この言葉は、これまでに名前を変えて幸せになった人たちの言葉です。

この本には、良い名前と巡り会えるための良い霊力を持った漢字やひらがな、カタカナに加えて、どんな「画数」で人生が変えられるのかも詳しく載っています。

そしてあなたの「天職」もズバリわかります。

私が運勢を見た人達が、よく言っていたのは、

「**改名ってかっこいい**」

です。

作家も、スポーツ選手も、歌手も俳優も、改名で運を変える。

私も改名して幸運になりたい。
かっこいい人生になりたい。

今の名前にさようなら！

私が改名に関わった多くの有名人も、みなさん生まれ変わったように羽ばたいています。
名前で占って書いた拙著や私のホームページの、安倍晋三元首相の死やジャニーズ崩壊の予言などを目の当たりにした方々が、名前の恐ろしさを実感し、大きな反響を呼んでいます。
その〝名前の霊力〟のすべてを、この本に込めて、今の人生を変えたいと本気で思っているあなたに送りたいと思います。

2023年9月

なかやまうんすい

目次

第5章 「画数」で知る名前の運勢 77

第1章
なぜ、名前が大事なのか

私個人としては、戸籍法改正でいわゆるキラキラネームを規制するということには違和感があります。

なぜ？と思われるかもしれませんが、国がいろいろなことを管理するということは結構問題で、いよいよ個人の名前にまで管理が来たのかと思うのです。

名前って、自由だからいいんですよ。

もちろん限度を超えたキラキラネームのような名前は問題外ですが、ある程度自由な選択があっていいと思うのです。

みんながみんな、例えば「〇〇夫」「〇〇子」という一定の形式でなければならないとしたら、どう思いますか。

そこに自由さや「その人らしさ」が出せるからいいのだと思います。

国が「これはダメ」「これは良い」って怖いですよね。個人の名前にまで。

昔の日本に帰っていませんか？

名付けそのものがどれだけ自由であっても、問題は「名前を付けられた本人」が、将来「改名したい」と思ったときの改名権を認めていれば解決するのです。

今の日本の法律・司法は、それがまったくなっていません。本人の「改名したい」という意志をほとんど認めていないからです。

それでいて、歌舞伎や代々続いたお店の店主などの改名はすぐに認めています。

国民の個人個人の気持ちに寄り添うという観点が全く抜け落ちているのです。

キラキラネームを笑っている人たちも、いざ自分の子供の名前を付ける段になって「これはダメ」「これは良し」と言われたとき、初めて気付くと思います。

好きな名前を付けられる自由の価値に。

今回の法改正が実際に施行されると、施行後に産まれてくる新生児には、**戸籍に載る際に「読み仮名」を付ける**ことが必要となります。これまでは戸籍には読み仮名の記載はなく、「出生届」に読み仮名を付けていたのです。

そして、もう一つ大きな事として、すでに戸籍がある国民は施行後１年以内に本籍地のある市町村に**自分の名前の〝読み仮名〟の届け出**をしなければならなくなるようです。もし、施行後１年以内に届け出がなければ、市町村長の権限により記載されることになるそうです。

国が行政手続きのデジタル化を進める目的の一つが、この、今は記載されていない「氏名の読み仮名」を加えるためです。

自分の名前の読み仮名が特殊な人は、読み仮名の届け出をしないで放っておくと、まったく違う読み仮名にされてしまう危険もはらんでいます。

このように、すごいことがサラッと進んでいるのが今回の戸籍法改正なのです。

2023年3月に、俳優の西岡徳馬さんの末娘で女優の優妃さんが、第一子を妊娠したことをツイッターで明かしました。

優妃さんのご主人も俳優で、お二人は妊娠に感動して喜びを伝えています。

ところが、同じ月にサンケイスポーツが伝えたところによると、お二人は生まれてくる子供の名前に、神の贈り物を意味するギリシヤ語のテオから取って「輝」の一字で「テオ」と読ませたいと言っているそうです。

しかし、西岡徳馬さんは、『「颯太郎《そうたろう》」はどうだ、画数もいいし』と、お二人が考えている名前に抵抗感を抱いたそうです。

優妃さんたちが考えた名前は、本来の読み方とは違う、いわゆるキラキラネームと言えそうなため、西岡さんも奇抜すぎる名前に抵抗感があるのではと伝えています。

2023年8月出産予定なので、戸籍法改正の影響は受けませんが、名前の行方が気になります。

名前の力はすごい！

そもそも、姓名判断や、姓名学と聞くと、「当たるも八卦、当たらぬも八卦の占いでしょう？」と言う人もいますが、姓名学は、2000年以上も前から行われてきた、れっきとした学問です。当たる当たらないではなく、学問だからこそ取り入れなければ損です。

今回の法改正を機に、自分の名前を変えたいと思っている人も増えています。


キラキラネームを変えたい。

自分の好きな名前に変えたい。


最近なにかと話題のホストも、名前の相談にやって来ます。お金にルーズな人も少なからずいる業界の中で、奨学金を返すためとか、親に仕送りをするために働いている人もいます。

そういう人はわりと古風な、昭和的な名前がついていて、〝源氏名だけでもかっこいい名前をつけて、売れっ子になって早くお金を返したいし、そうしたらこの仕事も辞めたい〟と言います。

かっこいい名前で気持ちも一新したい。
芸能人のように〝名前もイケメン〟になりたいと、言うのです。

たしかに、**名前はその人を変えてくれます。**
名前だけ聞いて、実際に会って見たいと思うような名前もあります。

武藤兵吉さんって誰？　俳優の**石坂浩二**さんの本名です。
石神国子さんって？　女優の**石原さとみ**さんの本名です。
芸名のほうが〝それらしさ〟があると思いませんか。

佐藤えり↓ローラ
椎名裕美子↓椎名林檎
山村幸恵↓柴咲コウ
島袋さつき↓黒木メイサ
山形香公子↓鈴木杏樹
鈴木末七↓松平健
蒲池法子↓松田聖子

菅生大将《たいしょう》↓菅田将暉
松井貴博↓マツコ・デラックス
岡部広子↓優香
寺田光男↓つんく
竹村桐子↓きゃりーぱみゅぱみゅ
金子和令《かずのり》↓メイプル超合金・カズレーザー
蓼丸綾《たでまるあや》↓綾瀬はるか
邊士名一茶↓DA PUMP・ISSA
清野支静加↓壇蜜
小林好子↓長谷川京子
益戸育江↓高樹沙耶

みなさん、本名と芸名のギャップが大きいですね。
それだけ芸名が本人に合っているということ。
〝芸名に顔が合ってきている〟のだと思います。
名前で人は変わります。雰囲気も華やかさも変わるのです。
また、名前から受けるイメージで、人は頭の中である程度の雰囲気を想像するのです。

だからこそ、名前は大事だと言えます。

「はじめに」で、キラキラネームを変えたい女性のことを書きましたが、古めかしい名前（**シワシワネーム**）を変えたい人の相談も深刻です。

女性では、光子、梅子、りん、とめ、などなど。
男性では、和吉、新造、徳之助、源、などなど。

これらの名前が悪いとは言いません。
しかし、実際に名前を付けられて今の時代を生きていくには、（本人がこの名前を気に入っていれば問題ありませんが、そうでなければ）なかなか個性がありすぎる名前かもしれません。
「時代に合う名前」という観点も大事です。

しかし、その「時代」にしても、ちょっとしたタイミングで変わる可能性があります。
「すず」、「鈴」、「スズ」という名前もどちらかと言えばシワシワネームに入っていても不思議ではありませんでしたが、広瀬すず、山之内すずなど、人気タレントの名前がブレイクすると途端に人気名として名付けが増えてきます。

「光子」にしても、「光《ひかり》」「ひかる」「ヒカリ」「ヒカル」は今も多く付けられています。

歌手、宇多田ヒカルさんの影響も大きいと思います。

仮に、宇多田光子（みつこ）が、宇多田光子（ひかりこ）（ひかるこ）ならどうでしょうか？

また印象が変わるのではないでしょうか？

「うただひかりこ」ってカッコ良くない？と思う人もいると思います。

うただみつこ↓うただひかりこ・うただひかるこ

古代の名前には、このような読み方が多くありました。ここにも名前の神秘を感じます。

読み方によっても、イメージがまったく変わってしまいます。

名付けの難しさはここにあります。同じ文字でありながらも呼び名で変わるイメージ。

そして、それを好きか、嫌いか。

名前の持つ力、名付けの難しさ、名付けの神秘なのです。

名前は生きている、文字は生きている、「霊力」があるということが、こうしたお話からも感じていただけるかと思います。

「幸せになれる名前」を見つけよう！

今の名前に悩んでいる、あなた。

もっと自分らしく輝いて幸せになりたい、あなた。

今の名前にサヨナラしたい、あなた。

新しい名前で人生をやり直したい、あなた。

そして、
生まれてくる赤ちゃんにいい名前を付けたい、あなた。

インターネットの数々のサイトの調査結果を見ると、赤ちゃんの名付けに姓名判断を気にする人の割合は7割を超えています。

やはり良い名前、運の良い名前を赤ちゃんに付けたいと願っているのだと思います。

自由な発想で、個性的な名前を考えることは大切です。

そこにもう一つ、大きな視点を加えてください。

運の良い名前。
幸せを運んでくる名前。
笑顔でいられる名前。

この視点を名付けに取り入れていただくこと。これこそがこの本の使命です。
戸籍法改正を機に、あなたや赤ちゃんが幸せになる「良い名前」を付けていただきたいのです。

ここで大きなポイントとなるのは、名前に使う
「文字」
と、その文字の
「画数」
です。
名前にとって最も重要なこの二大要素を、この本でしっかり理解し、必ず「良い名前」を見つけていただきたいと思います。名前の母音の占いなどは〝お遊び〟です。

コラム　名前は世につれ、世は名前につれ

人の名前に使える漢字は常用漢字2、136文字と人名用漢字863文字の計2、999字と決まっています。

これ以外の漢字は子供の命名に使うことができません。

また、戸籍への名前の登録は出生後14日以内に届けることが決められています。

改名して、戸籍に登録したい場合も、この中の漢字から期間内に選ばなくてはいけません。

しかし、戸籍に登録しない場合の改名ならばもっとたくさんの漢字の中から選ぶことも可能です。

最近は、女の子を中心にひらがな、カタカナの名前が増えています。

読み間違えがないのと、漢字に比べてやさしさを感じるようです。

まゆ、きさ、さこ、みや、ゆき、あき、しほ、ゆり、めい、りま、なお、すず

これらの名前は、最近、大流行の名前もありますが、実は江戸時代の女性達の名前なんです。

今なら一流企業への就職に相当する大奥女中。

当時の女性達の憧れの仕事でした。

まゆ、きさ、などです。

元和8年（1622）～寛永11年（1634）の名前にも、なお、すず、しほ、あき、りまな

どなど。

そのほか、まち、きん、まさ、たけ、なつ、つる、まつ、よね、はつ、きよ、かめ、みや、ふく、ませ

ファッションや車、バッグなどの流行もくり返しです。

名前も例外ではないことがよくわかります。

女の子ではなく男の子の名前はというと、江戸時代の名前は、一般の庶民の人達では、清十郎、留吉、喜三郎、正吉、新太、兵助、久右衛門、仙吉、十郎、助八などなど。

今の時代では、外食産業などの店舗にも付けられているような名前もあります。

いっぽう、武士や大名は、

秀正、光国、直政、長政、光秀、三成、一鉄、義元、景勝、長益、信秀、信長、家康、秀吉、元春、道三、昌幸、幸村、義朝、元就、利家、景虎、兼続、義直、長政、一豊、直行、貞治、信成、忠友などなど。

最近の戦国武将ブームもあって、これらの名前は今も少しずつではありますが名付けに増えています。

女の子の名前に「子」が復活しているように、男の子の名前にも強そうな武将的名前が、ボクサーや格闘技、プロレスラーなどスポーツ界を中心に人気です。

今、改名がブームになって来ています。

でも、今の名前を戸籍から改名する場合は、「正当な事由」が必要です。

たとえば、

奇妙で人から笑われるような名前

難読で正確に読まれない名前
同姓同名の人がいて間違われたり不便である
異性とまぎらわしい名前
外国人と間違いやすい名前
僧侶となったり、襲名する場合
通称名として長年使用していた場合
等々の理由があげられます。

家庭裁判所の許可を得て役所へ届け出すれば、戸籍からの変更ができます。

15歳以上であれば本人が申立てでき、申立人が15歳未満のときには、親権者等の法定代理人が手続きを行います。

家庭裁判所への申立てには、800円分の収入印紙の他に連絡用の郵便切手が必要となります。

必要書類など詳しくは各家庭裁判所などで確認してみてください。

私が、名前を付けて改名をした中で、医師、弁護士、教師、裁判官、外交官といった職業の人達は、戸籍から改名をするケースが多くあります。仕事上で改名した名前を使うことが難しかったり、戸籍上の改名がないと正式に職場で使えないなどの理由から、戸籍上の改名をしたのです。

芸能界、スポーツ界、作家、政治家、実業界などのさまざまな人達も、私が改名した名前をその日から使って運勢を変えるために頑張り大きな成功を手にしました。

一般の会社などでは、改名した名前を、戸籍上は改名していなくても、通常に使用してかまわないというケースも多くあります。

会社の社長自らが改名をしている場合もあ

ります。

芸能人の芸名や作家のペンネームのような感覚で皆さん使い、広めています。

毎日の生活が楽しく幸せな気分になるそうです。自分自身が心から楽しくなるような前向きな「運のいい名前」を使うことの喜びに満ちているのです。

子供から大人まで、改名に前向きな人が増えているのです。

改名した名前を、ＳＮＳや、手紙、ハガキ、名刺、趣味や習い事、ポイントカード、自分の持ち物などたくさんのものに使っています。

新しい名前は、毎日書いたり、自身でよく使うことが大切です。使えば使うほど、周りに浸透すればするほど名前の運気は強まります。

新しい名前に成りきることです。

私が改名したスポーツ選手は、手のひらや足の裏にもマジックで名前を書いていました。手や足の経穴、経絡から文字の霊力が体を駆けめぐり運気を強めてくれるのです。

これは本当です。

彼は大活躍をして大きな成功をおさめ、大金持ちになりました。

文字には霊力があります。

良い名前には良い霊力が宿り、良い運気を呼び寄せてくれます。

信じる信じないではなく、成功という事実が証明しています。

さまざまな事件や事故のニュースの多い現代社会。この時代を、あなた自身の「改名した名前の強運」で乗り越え、羽ばたいてください。

第2章
名前に使う「文字」の力

名前の好き嫌いと、名前の運の良し悪しはまったく別の事柄です。

〝自分の名前は好きだけど、これまでずっとこの名前に付き合ってきてまったく良いことないんだよね。嫌になっちゃう〟

〝自分の名前はあまり好きじゃないけど、自分の人生はこれまでツイてるほうだから、名前の運勢がいいのかも？〟

そうです。

運勢の良し悪しは、名前に使われている「文字」と、その「画数」が支配しています。

ここからはまず、名前に使われている「文字」について、世にも摩訶不思議なお話からしてみたいと思います。

あなたの名前に使われている文字一つであなたの運命が決まることもあります。

良い文字なら良いことが起きて、悪い文字なら悪いことが起こる。

それほどまでに文字のチカラ、パワーは凄まじいのです。

文字の歴史や成り立ちについてはこのあと詳しくお話ししますが、まずは、文字がもたらした恐ろしい話から。

注意が必要な文字の例

私は、前著『名前で人生は9割決まる』の中で、次のように書きました。

「蓮」は水を欲しがる文字です。そのために川や河、海、水のある場所を求めて動く習性があります。子どもの時に一人にすることには特に注意を払ってください。

私はこのことを、著書でこれまでに書いてきましたが、「蓮」という字が水の中に咲くハスというイメージよりも「南無妙法蓮華経」の仏教のイメージなので、悪くないのでは?と思っている人もいるようです。しかし、経典の文字にも法名といって、悪い文字は多くあります。「妙」「法」「経」なども良い暗示は少ないのです。

「蓮」はまさしく水に咲く花で、水がなければ生きていけません。人の名前に付けた場合は水に呼び込まれてしまうのです。

以前、「蓮という字は水の事故に注意」と書いた私の本を見て、一人の女性が相談に来ました。小学生低学年の「蓮」と名前の付いたその人の子どもが市民プールに入っていて、プールから上がってくる時に足を水の中に引っ張られるようなことが何度かあり「プールが怖い」と言い出したというのです。

私は「水遊びをさせる時には絶対に目を離してはダメです」と言いました。

水を求めてそこに向かって動きだしてしまうのが「蓮」なのです。周囲はそのことをよくわかっていなければいけません。

2015年6月、ドラム式洗濯機の閉じ込め事故でなくなった子どもの名前にも「蓮」がありました。決して偶然だとは考えていません。

文字は生きているということを忘れてはいけません。


もちろん大きな反響がありましたが、信じられないという声もたくさんありました。

どの家庭でも近頃増えて来ているドラム式洗濯機。扉が斜めになっています。

これまでの洗濯機は上に蓋が付いていたので子供は入りにくい構造です。

しかし、中に閉じ込められて亡くなる事故はこれまで起きていませんでした。

蓮は仏教で「蓮華（れんげ）」と言われ、極楽浄土を象徴すると考えられている花。仏教とは切り離せない花で、生まれたばかりの釈迦が歩いたあとには蓮が生まれ、そして大輪の蓮の花が咲いたなどとも言われています。意味としては連（つら）なり並んで実のつく花の象形から出来た文字です。立ち止まる意味もあります。

水に咲き、水を欲しがり、連（つら）なる。

ここに、この文字を「名前」に使う場合の落とし穴があるのです。

私の鑑定や研究の全体から見れば、これまで本で書いたことは氷山の一角です。池に溺れた、河に流されたという事故は多く起きています。

私は文字の研究を続けて、文字が人間に及ぼす影響を考えていると眠れなくなることもあります。

もっと早く皆さんに知らせたい。知ってもらいたい。

それが私の心からの願いなのです。

本当なのか？と思っている方に「蓮」の摩訶不思議な実話をもう一つお話しします。

2022年5月30日にFNNプライムオンラインが伝えたニュースです。

首都高速道路で起きた事故直後の映像には、道路の真ん中をふさぐ車が見られる。
車一台が横転した未明の単独事故。
このあと、救急隊員と撮影者らの会話で、驚きの事実が明らかになる。
救急隊員「(車の)中に(人)います?」
目撃者「中に誰もいなくて」
撮影者「飛び降りちゃいました運転手」
目撃者「運転手さんが川に飛び込んだ」
救急隊員「え?」
なんと、事故車両を運転していた男が、橋の下を流れる川に飛び込んだという。

運転手が突然姿を消した事故は、5月29日未明、東京・葛飾区の首都高中央環状線の橋の上で起きた。

現場で救護をしながら撮影していた男性の映像では、車のフロント部分が大破し、周辺に破片が散乱している。

撮影者によると、事故車両には男一人が乗っていた。複数のドライバーと協力し、男を安全な場所に避難させた時の様子に、不自然な点があったという。

撮影者「(運転手の男は) ちょっと支離滅裂な言動で、こちらが『体にけがはないか？大丈夫か？』と話すと『行かなくちゃいけないところがある』、『電話しなくちゃいけないところがある』と右往左往していた」

事故直後の様子がおかしかったという男は、しばらくすると突然、橋のおよそ25メートル下を流れる川に飛び込んだという。

松崎雄基リポーター「あちらの橋から川に飛び込んだ男は、幅40メートルくらいのこの川をこちら側に泳いできて、そのまま行方がわからなくなりました」

男の行方を追っていた警視庁は、事故発生から12時間後、「○○蓮」容疑者を、道路交通法違反の疑いで逮捕した。

捜査では、容疑者からアルコールは検出されなかったということだが、警視庁は、事故が起きたくわしい経過について調べを進めている。

……………………………………………………………………

これは、名前にある「蓮」という文字が水を求めて起こした、というくらいしか説明のしようがない事故です。

これほどのニュースにはならなくても、「蓮」と名前のついた人が水に溺れたりする事故はたくさんあります。

じゃあ、男性でも女性でも、いま「蓮」の文字が名前に付いている人はどうするの?と聞かれます。

女性でも蓮香、蓮華など。

男性でも、蓮也、蓮斗、蓮司、蓮世などなど。

これらの名前の方の仕事としては、水に関わる仕事全般に向いていると言えます。

水道、防水、消防、花屋、飲食、キッチン関係、ミネラルウォーター関係、水族館、水産・魚関係、のほか、水泳や水に関するスポーツやインストラクターなど。

気をつけなければいけないのは、水に関連した仕事や、水泳や水に関連したインストラクターなどは、どんなに上達していても、**油断しない**ことです。

時として事故を呼ぶことがあるために常に細心の注意が必要です。

最初に、注意が必要な文字の例として「蓮」を取り上げましたが、次は名前にある「**幸運の文字**」によって、人生があれよあれよという間に開花した例をお話しします。

幸運の文字の例

「**佑**」「**祐**」という文字がありますね。

それぞれ人偏（にんべん）、示偏（しめすへん）に右と書きます。

右は聖なる神の手を表しています。「たすける」要素をもつ文字はいくつもありますが、その中でもこの二つは「**神がたすける**」暗示をもつために、人とツキに恵まれる最高峰の文字。**文字界のキング**と言えます。

2018年にノーベル生理学・医学賞が授与された医学博士で、京都大学名誉教授の**本庶佑**さん。

画期的がん免疫療法を確立し、この研究をもとに新しいがん治療薬「オプジーボ」が開発されました。本庶さんの名前は佑と書いて「たすく」です。

世界中のがん患者に取ってはまさに神のたすけとなっています。

本庶さんが大切にしているのは、「人の役に立っていると思えること」。この思いが今の成功の原点となっています。

歌手の**桑田佳祐**さんは、1978年青山学院大学時代にロックバンド・サザンオールスターズのボーカルとしてメジャーデビューを果たし、それ以降現在までずっと第一線を走り続けています。

エイズ啓発運動や、東日本大震災などの復興支援活動、2022年には同級生のアーティストらと「時代遅れのRock'n'Roll Band」で収益の一部を寄付。音楽活動だけでなく常に社会奉仕活動も行ってきた。また、ラブソング、平和へのメッセージ、反戦など幅広いジャンルや、ファン層も老若男女。家族、バンドメンバー、音楽仲間を愛する温かさが伝わってくる日本を代表する人気アーティスト。

活動をみても、「たすける」要素がいたるところに見えます。

2006年夏の高校野球甲子園の優勝投手で〝ハンカチ王子〟こと**斎藤佑樹**選手。彼の持つハンカチで汗を拭く「品格」は野球選手には珍しくイケメンさと相まって一世を風靡しました。同じく優しさの「品格」で一世を風靡した韓流のペ・ヨンジュンさんと比較されるほどの人気で、早稲田大学に進学し大活躍。

卒業後はプロ野球日本ハムファイターズに入団、故障もあり思うような活躍とはならなかったものの人気は変わらず、2021年現役引退を表明。2019年には結婚も発表しています。引退後は「株式会社斎藤佑樹」代表取締役として「野球の未来づくり」の活動を開始し、野球界への貢献に動き始めています。

イベント、CMなどは彼の品格から大人気で、ユニクロ、日本郵政、キリン、国民年金基金、森永製菓、スカパー、さらには創業100周年のハンカチ製造会社「川辺」とパートナーシップ契約を締結し、ハンカチ製造、販売のエキスパートとのコラボが注目を集めています。

サッカー界で、世界に誇る実績を持つ**本田圭佑**選手と、**長友佑都**選手。

本田圭佑さんは、日本代表時代にW杯3大会連続となる得点とアシストの両方を記録した史上6人目の選手。海外に出てからはVVVフェンロー／PFC CSKAモスクワ／ACミラン／CFパチューカ／メルボルン・ビクトリー／SBVフィテッセ／ボタフォゴFR／ネフチ・バクー／FKスードゥヴァ・マリヤンポレ、と世界中でプレーし活躍。

東日本大震災の義援金として日本赤十字社を通じて5000万円を寄付。2016年4月、熊本地震を受け、熊本県に1000万円を寄付。2016年8月、イタリア中部地震を受け2万ユーロを寄付。2017年9月、メキシコ地震を受け、メキシコ赤十字社に50万メキシコ・ペソを寄付。その他、慈善事業を数多く行っています。

長友佑都さんは、FC東京からACチェゼーナ／インテル・ミラノ／ガラタサライSK、とやはり世界中で活躍。

2017年からオーナーを務める会社が社会貢献活動を開始し注目されています。

「祐」「佑」

神がたすけるという意味を持つこれらの文字が名前に付く人は、自分自身の助けとなるだけでなく、社会の助けとなる人生を歩んでいることがよくわかります。

他にも、人気女優の天海祐希さん、お笑い芸人で上場企業令嬢をお嫁さんにした澤部佑さん、レポーターとしてテレビ各局から引っ張りだこ。娘さんは2017年ミス・ユニバース・ジャパンのグランプリに輝いた阿部祐二さん。

そして、リベラルの星として燦然と輝き続け歯に衣着せぬ弁舌が大人気。国会議員の米山隆一さんと結婚した、元レースクイーンで作家の室井佑月さん。

喜劇俳優の柄本明さんの息子で独特の世界観をもって活躍している俳優、柄本佑さん。

野球界では、広島東洋カープの野村祐輔選手。テニスでは、杉田祐一選手など。

この吉兆文字の恩恵を受けた人達は、枚挙にいとまがありません。

文字のもつ吉パワーが世の中に押し出してくれているとしか思えません。

しかし、**いくら最高の吉兆文字と言っても、ただ名前に付いていれば良いというわけではは決してありません。**

あとの説明にあるように、**五運の「画数」バランス**が良くなければ、いくらこの文字があっても、あなたの人生を幸せに導くことはできません。

宝の持ち腐れという言葉がある通り、せっかくの宝を活かせないのです。このことは忘れないでください。

次に、「祐」「佑」に続く吉兆文字を、さらに公開します。

これまでの著書でお知らせてきた文字も含まれていますが、この本では、さらにいろいろな文字が持つ吉兆の内容を紹介します。

その文字とは、

「那」「紘」「莉」「帆」「荘」「壮」「佳」「樹」「起」「彩」「拓」「里」「梨」「麻」です。本書が初公開となる、特別な文字もあります。

「那」

「しなやかで美しい」という特別な意味を持ち、中国王家が民《たみ》に使うことを許さなかったと言い伝えられるほどの伝説の文字です。

幸運文字として初めて公開する文字です。

「紘」

兜のたずなの意味をもつ吉文字です。
自身や周囲を引き締め導く意味を持ちます。

「莉」

ジャスミンをあらわしています。植物の文字の中には吉文字は少ないのですが、この文字は漢方を表している暗示があり、健康などに作用する要素があります。

「帆」

帆船でもわかるように、風を満帆《まんぱん》に受けて進むさまを表していて、自分の力以上に周囲の力や、恩恵を受ける意味があります。

「荘」

草木の成長がすさまじいさまを表した文字です。女性よりも男性に使うことで吉作用を生みます。

「壮」

背の高い男子の勢いのさまを表しています。行動にまさる、活気を暗示する文字です。

「佳」

「美しい人」を表しています。
心、体のバランスの取れたさまを暗示した文字です。

「樹」

大きく伸びて茂った木々のさまを表した文字。
活気にあふれた暗示があります。

「起」

この文字は、今回の本の中で特別に公開する文字です。
「神に仕える巳《へび》」が奇跡を受けて飛び起きるさまを表した文字です。
「奇跡を起こすさま」を文字にしたと考えてください。

「彩」

自分の手でつかみ取るさまを表した文字です。
行動にまさる暗示があります。

「拓」

石を手でつかみ開くさまを表した文字です。
集め、ひろう暗示もあります。

「里」

土地や田畑の整理などの意味を持つ文字です。
人の名前に使うことで土地や建物などへの強い縁を表します。

「梨」

本来はお年寄りの皮膚を表した文字です。

人とのつながりや、思いやりを生む作用があります。

「麻」

神殿につながる麻の敷物を表している意味もあります。

まっすぐに伸びたさま。


ここに取り上げた「吉兆文字」は、くり返しになりますが、いくら良い文字だからといっても五運の画数のバランスを「**良い画数**」にすることを忘れないでください。

そして、他の文字と組み合わせて名前をつくるときに、悪い意味のある文字を使わないこと。このことが最も大切です。

良い文字を使っていても、悪い文字も一緒に使ったら相殺されてしまうのです。画数も同じで、組み合わせて悪い画数になると相殺されてしまいます。それが名前の怖さです。

第3章
SNSなどで使う名前

SNSは、今や手紙やFAXなどに変わって誰もがと言っていいくらい発達しています。

そして、仕事上や私的に限らずに**SNS上の名前**を持っている人も多くいます。


これは、作家や俳優などと同じように、本名以外の名前です。

しかし、**名前は、使い続けることで運勢が乗り移ります。**

本名よりも多く使うようになれば、あっという間にその名前があなたの運勢を支配してしまいます。

それが、良い名前ならば大成功へと導いてくれます。

しかし、悪い名前ならば事件、事故の当事者になってこの世からいなくなってしまったり、犯罪者になってしまうことだってあります。

ですから**SNSで、思いつきで自分の名前を作って使ってしまうのは考えものです。**

私のお客さんからの相談でも、娘さんが小学校高学年くらいからSNSで自分の架空の名前をいくつか持って使っていたと言っていました。

娘さんは、中1の時にサイトを通じ知り合った男性と遠距離で会う約束をして、家出中に保護されたそうです。その後、通っていた学校には周りの目もあり行けずに不登校。今は一時間かけて通う私学に転校しているそうです。

その時のニックネームは、すべての文字の画数を足すと**10画**になる名前でした（この10画という画数が持つ意味について、あとで詳しくお話しします）。

今も、どうしても以前のような感情で娘さんに接することは難しいと言っていました。

このケースのように本人、親子、周囲の関係性が崩れたり、立て直すことも困難な状況になるケースは、SNS上の至るところで発生しています。

その理由は、ネット・SNSを通じて、現実でないバーチャルな世界に迷い込んでしまいやすいからです。

架空の世界を現実と思い込んでしまうと、思考能力が止まってしまいます。幼い年齢ならなおさらですが、年齢に関係なく誰でもそうなる可能性が高いのがSNSの怖さです。

つまり、嘘を見抜けない、架空を信じてしまうからです。

そして、子供だけでなく大人も男女問わず本名でないニックネームなどの名前を使っているのが、SNS全般の状況です。

ニックネームは、自分がSNS上で呼ばれたい名前を登録しています。

例えばX（Twitter）で知り合った人に「なんて呼んだらいいですか?」と聞かれて、ハンドルネーム（ニックネーム、ハンネ、HN等とも呼びます）を言ったりしますよね。

このように、ニックネームであっても一度や二度ならまだしも、何か月、何年と本名のように使っていれば、運勢が宿ります。

文字は生き物です。漢字はもちろんのこと、カタカナ、ひらがなも漢字から作られた文字で生き物の霊力が宿っているのです（ちなみに、**英語やローマ字は、カタカナに直して画数を数えてください**）。

SNSのニックネームは気軽に付けたりしないで、この本で良い名前を調べて使ってください。2023年8月、大手学習塾講師が起こした小学生女児の盗撮、SNSでの情報バラマキ事件。講師のハンドルネームは「キッド」（これも**10画**）でした。これが何を意味するのか。このあと詳しく解説していきます。

特に最近依頼が増えているのが、ペンネームに関する相談です。

「初めて本を書くので…」という人もいますが、同人誌などで前から別の名前を付けていた人もいます。特にコロナ禍ではなかなか外での交流が難しかったこともあって、ズームや通信講座などでの勉強や講座が人気となり、趣味や本業での新しい名前を付けたいと考える人が増えました。

「いくつか本を出版したけど、一つも売れないので……」という人もいます。

やはり実力だけでなく、運の大切さを実感しているようです。


ビジネスの世界で改名している人達も多くいます。「ビジネスネーム」といってよいものです。


かつて「週刊現代」で取材を受け「私は名前を変えて運が開けた」という記事になりましたが、何人もの財界人やビジネス有名人も、名前を変えています。

それらの方が口を揃えて言うのが、「運がなければ今がない」ということです。

世界のホームラン王の王貞治さん（福岡ソフトバンクホークス取締役会長、日本プロ野球名球会顧問）も、私が改名したプロ野球の井口資仁さんの激励会などで「この世界は実力だけではダメなんです。運がなければ」とおっしゃっていました。

あれほどの実力者でさえも「運」の大切さを強調しているのです。


そして**運は「名前」が左右します。**

戦国武将の名言に「勝負は時の運」という言葉があります。

だからこそ戦国武将の家康、信長、秀吉もそろって名前を変えて天下を取ったのです。

一国一城、CEO、社長、会長ならなおさらのこと、名前が運を呼び寄せます。

SNSのニックネームも、ビジネスネームも、そして主婦などに広がっている別名、通称名も、まったく今の自分の名前と同じように、画数と文字の吉凶をよく考えて名付けてください（**名字のない名前だけの場合の画数の出し方**は、71ページの例を参照してください）。

第4章

「画数」の意味と数え方

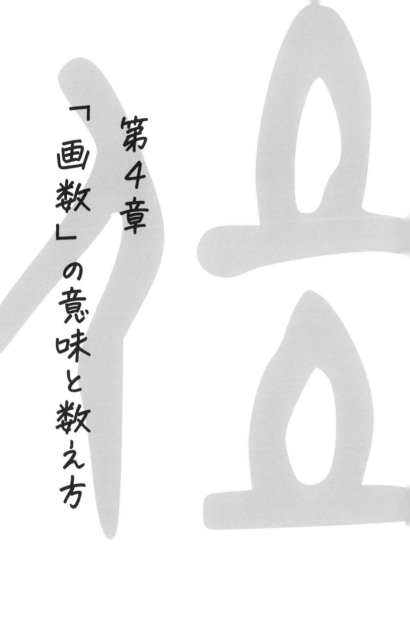

私たち日本人が名前に使っている漢字の多くは、中国で約３０００年以上も前に生まれたものです。ひらがなやカタカナもこの漢字をもとにつくられています。漢字は、象形文字といい、ものをデザインした形が中心となってできたものです。例えば、「山」は山の形をそのまま写し出してできたものです。

あなたの名前の文字も、単なる記号ではなく、ひとつひとつにこのような意味がこめられています。単純にいえば、山という文字を持っている人は、山とも縁が深くなり、川という文字を持っている人は、川や水との縁が深くなるということです。このことを日本では「名は体をあらわす」などという言葉として残しています。

そして、文字そのものの意味とならんで重要なのが、この章でお話しする「**画数**」です。

ここでは名前に隠された画数という数字によって、複雑にからみ合う「運命」の謎を解き明かします。中国に古くから伝わる占いの源といわれる五行説と、インドから伝わった数字の概念にもとづいて、名前の画数に宿る「数字のパワー」を解説します。

文字には、その一つひとつに「吉」「凶」をつかさどる大きなパワーや重要なキーワードが暗示されているのです。

最も悪い画数とは

あの人と一緒になってから、運が悪くなった──。

あの日、あの車にさえ乗らなければ助かったのに──。

あの人が来てからというもの、生活や、会社がガタガタになってしまった──。

こんな話を誰でも一度や二度は聞いたり、自分自身が経験したことがあるのではないでしょうか。

死神《しじん》が住みつく名前というものがあります。数多くある名前の中でももっとも恐ろしく、また周囲の人達をも巻き込んで不幸にしてしまうものです。それは、
総運（姓名の全部を合計した画数）が10・20・30・40・50・60・70になる名前です。

末尾の数字が0になる画数は、0イコール死（無）をあらわしているのです。

この死神が住みついた名前を持った人達は周囲に事件や事故といった災いが多く、自身も不運に見舞われる可能性が高くなります。

良い画数と悪い画数――5つの神

ここでは、**死神**、**疫病神**《やくびょうがみ》、**貧乏神**、**女神**、**福の神**がどんな名前に宿るのかをお話しします。

名前の画数というのは、中国では古代より陰陽《おんよう》・五行《ごぎょう》・九星《きゅうせい》・道教《どうきょう》といった数々の要素が集結されたものであり、さまざまな占術の中心ともいうべきもので、人間が肌身離さず持って歩くようになった名前の霊魂です。動物の霊魂と同じように、人間の名前の霊魂（画数・文字霊）にもさまざまな霊が住みついています。吉の霊魂もあれば、凶（悪）の霊魂もあります。

画数の霊魂をわかりやすく分けてみると次のようになります。

名前の画数に前世や守護霊が宿り、あなたの運勢を支配しているのです。

・女神＝3画、6画、13画、16画、31画、35画、38画、41画、45画、51画、53画、56画、58画、63画、66画

・福の神＝5画、8画、11画、15画、18画、21画、23画、24画、29画、32画、33画、39画、47画、55画、61画、65画、68画

・死神＝10画、20画、30画、40画、50画、60画、70画

・疫病神＝7画、19画、22画、26画、28画、34画、37画、44画、46画、54画、64画、69画

・貧乏神＝2画、4画、12画、14画、42画、43画、49画、59画

文字の「正しい画数」を知ろう

名前には、祖先から長きにわたって秘められてきたメッセージともいえる、強いパワーが宿っています。では、あなたの現在の名前には、いったいどんなパワーが宿っているのでしょうか？

　まず、現在のあなたの名前がどんな数字のパワーに操られているのかを知っておくために、あなたの名前の**画数を正しく数えてみましょう。**

　古代中国の基本にもとづき、画数を数えるときは〝**正字**〟を使用します。というのも、中国では森羅万象に宿る命、霊を文字として象形化して、それが漢字（正字）となりました。日本の漢字も、もともとは中国から渡ってきた文字ですから、正字を用いないと意味がないのです。〈沢〉は〈澤〉で17画、〈広〉は〈廣〉で15画というように、**巻末の画数早見表**で正しく数えてください。もし画数一覧に自分の名前が見当たらない場合には、漢和辞典などで正字を

引いて正しい画数を調べてください。(たとえ1画でも間違っていたら、その運命は大きく変わってきますから、この点は慎重に……)

あなたの名前の文字一つひとつの正しい画数を割り出すことによって、あなたの内に秘められた運命の謎が一つずつ解けていきます。

あなたの運命を決定する「五運」

それぞれの文字の正しい画数を数えたら、次に、いま現在のあなたの名前に宿る「五運」を探ることによって、潜在的な「自分自身」を知りましょう。

「五運」とは、「姓名学」において基本となる「**総運**」「**天運**」「**地運**」「**内運**」「**外運**」、合計5つの運勢をいいます。これら「五運」のもつ意味と、その出し方をよく理解していただきたいと思いますが、その前に「**霊画数**」について説明します。

霊画数とは――本来、姓名は男女とも姓、名が1字の場合には、1画(これを「霊画数」と呼びます)を加えます(名前だけの場合は天地に1画ずつ加えます↓71ページ参照)。

なお、霊画数を画数の計算に加えるのは、「天運」「地運」「外運」に限ります。「**総運**」**に**

ついては霊画数を計算に加えないでください）。

五運がもつ意味

・**総運【姓名すべての文字の画数を合計した数】※霊画数を加えない**

一生の運勢に加え、生命、財産、結婚など、さまざまな人生の出来事を表します。

・**天運【姓の文字の画数を合計した数】※名前だけの場合は天運なし**

家系や生まれながらの能力や素質を表します。

・**地運【名の文字の画数を合計した数】**

恋愛傾向や性の行動パターン、異性との相性、また、健康・愛情などを表します。

・**内運【姓の下部一文字と、名の上部一文字の画数を合計した数】**

外見では判断できない、もって生まれた内面の性格を表します。

・**外運【姓の上部文字と、名の下部文字の画数を合計した数（内運以外の文字の合計数）】**

あなたの才能を活かす職業の適性を表します。

次ページ以降に、名前の画数の数え方の実例を示しました。

・姓2字・名2字

(例)

浅 12
田 5
真 10
央 5

天運17
内運15
地運15
外運17
総運32

・姓1字・名1字

(例)

1 霊画数
要 9
潤 16
1 霊画数

天運10
内運25
地運17
外運2
総運25

・姓3字・名2字

(例)

葉 15
加 5
瀬 20
太 4
郎 14

天運40
内運24
地運18
外運34
総運58

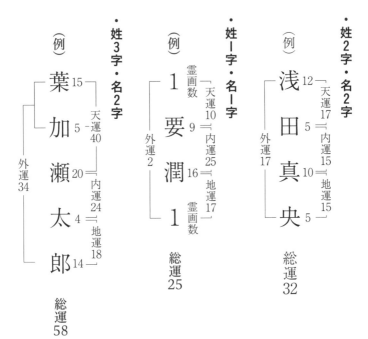

・姓2字・名3字

(例)

上 3
沼 9
恵 12
美 9
子 3

天運12
内運21
地運24
外運15
総運36

・姓3字・名3字

(例)

宇 6
多 6
田 5
ヒ 2
カ 2
ル 2

天運17
内運7
地運6
外運16
総運23

・姓1字・名3字

(例)

1 霊画数
松 8
た 4
か 3
子 3

天運9
内運12
地運10
外運7
総運18

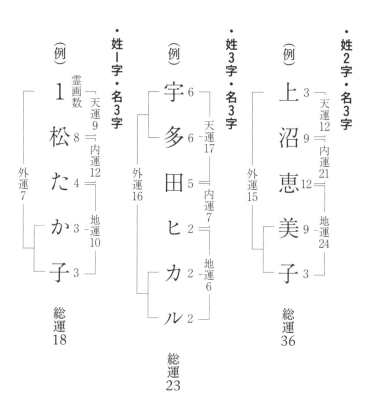

・姓3字・名1字

（例）

伊 6
集 12　天運33
院 15　内運21
光 6　地運7
1　霊画数

外運19

総運39

・姓2字・名1字

（例）

水 4　天運11
谷 7　内運25
豊 18　地運19
1　霊画数

外運5

総運29

・姓1字・名2字

（例）

1　霊画数
堺 12　天運13
雅 12　内運24
人 2　地運14

外運3

総運26

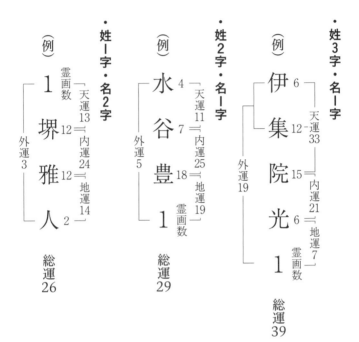

・名前だけの例「ヒロシ」（天運なし）

霊画数 1
ヒ 2
ロ 3
シ 3
霊画数 1

内運8　地運8
外運2
総運8

・名前だけの例「Gackt」（天運なし）※英字・ローマ字はカタカナに置き換える

霊画数 1
ガ 4
ク 2
ト 2
霊画数 1

内運8　地運8
外運2
総運8

・名前だけの例「aiko」（天運なし）※英字・ローマ字はカタカナに置き換える

霊画数 1
ア 2
イ 2
コ 2
霊画数 1

内運6　地運6
外運2
総運6

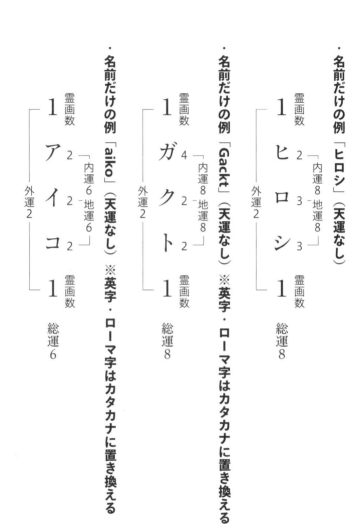

・名前だけの例「あいみょん」（天運なし）

霊画数	1	
あ	3	
い	2	
み	3	
よ	3	
ん	2	
霊画数	1	

内運13　地運13　外運2　総運13

漢字の画数「へん」や「つくり」で間違いやすい漢字について

漢字の画数はその漢字の部首が何偏《へん》なのかによって数え方が違ってきます。

初（7画）は示偏《しめすへん》ではなく、刀部5画となります。

「表」は9画ですが、「俵」は10画です。

これは、それぞれの部首が、表は衣偏《ころもへん》、俵は人偏《にんべん》と異なっているからです。

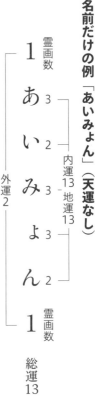

間違いやすい漢字画数の注意点　※画数はすべて正字体（旧字体）で数えます。

「乃」↓「ノ」部で1画＋他1画で2画となります。

「及」↓「又」部で2画＋他2画で4画となります。

同様に、

「旬」↓6画　「榛」↓14画　「妃」↓6画　「凛」↓15画

「唯」↓11画　「曜」↓18画　「宙」↓8画　「暖」↓13画

「偉」↓11画　「葛」↓15画　「崔」↓11画

などは間違いやすいので注意したい漢字です。

また、「高」は「髙」が正字（旧字体）と思っている人も多いようですが、**「髙」は俗字（世間で用いる正字ではない文字）です。**

「涼」↓「涼」　「曳」↓「曵」　「稟」↓「禀」

も、それぞれ下の文字が俗字です。

「へん」や「つくり」の関係では、漢字の部首はひとつとなっていますから、**「藤」という字は艸《くさかんむり》に15画で21画です。また部首は月《にくづき》ではありません。**

コラム　同姓同名の人の運勢

姓名判断で一番多い質問は、同姓同名って同じ運勢になるの？という質問です。

同姓同名の場合、画数の暗示している運勢の波動はよく似てきます。

例えば、仕事運が素晴らしい画数なら同じように仕事で脚光を浴びたり。家庭、愛情運が良ければ、同じように家庭に恵まれて幸せな運勢となります。時期とか時間ではなく運勢の波動（サイクル）が似かよってくるわけです。

結婚や異性の好みなども似てきます。たとえば、芸能界などが向いている名前ならば、その道を目指せば同じように成功することが可能です。

しかし向いていない職業を選択してしまった場合はなかなか成功には結びつきません。

だからこそ、この本で自分自身をよく知って欲しいのです。

運を生かすも殺すも名前次第です。

ここで、同姓同名の運勢が本当に同じような波動になるのかを見ていきましょう。

「岡田奈々」という名前。

中年以降の人達は、アイドル歌手で女優でもあって、エメロンシャンプーのＣＭやポッキーの初代ＣＭガールだった岡田奈々さんを思い出すと思います。

若い方々は元ＡＫＢ48のアイドル歌手で舞台女優としても活躍する岡田奈々さんを思い

出すと思います。

このお二人の名前はともに「岡田奈々」さんです。先の岡田奈々さんは芸名。あとの岡田奈々さんは本名です。

１９５９年生まれの岡田奈々さんは芸名「岡田奈々」として、10代でデビュー後に大人気となり、歌手としてもヒット曲に恵まれ、歌番組、テレビドラマ、ＣＭと大活躍し、人気は爆発的でした。しかし、１９７７年に自宅に暴漢が押し入り、刃物で左手を刺され重症。大変な騒ぎの事件となりました。雑誌などではスキャンダラスに報じられもしました。犯人は今も逮捕されていません。その後、女優として現在も活躍を続けています。独身。64歳。

１９９７年生まれの「岡田奈々」さんは、２０１２年に、ＡＫＢ４８第14期オーディションに合格。２０１６年、選抜総選挙で初の選抜入り。２０１７年、姉妹グループＳＴＵ48の兼任キャプテンに任命。２０１８年、ソロコンサート開催。

２０２２年、ＡＫＢ48グループ歌唱力ＮＯ１決定戦で初優勝。11月、舞台共演俳優との交際を週刊文春に報じられる。交際報道を謝罪してグループ卒業を発表。２０２２年12月、転倒しケガ。年内療養を発表。２０２３年、ソロとして、全国ツアー再開。

二人とも10代で芸能界の表舞台で大活躍。その後に一方は暴漢事件。一方は交際報道スキャンダルでグループ卒業、後にケガ療養。運勢の波動はモロに似通っています。これが同姓同名の波動なのです。

ここで「岡田奈々」（総運29画）という名前の運勢を、次の第5章「『画数』で知る名前の運勢」の中の総運29画の解説（１１０ページ）

から引用してみます。

「総運29画　どんな世界でも頭角を現す

総運9系数の吉作用を最も発揮し、凶作用の影響を最小限に抑えられるのが、この29画の持ち主です。持って生まれた知的才能、幅広い活動力から大衆の人気を獲得し、どんな分野においても高い地位、頂点を極める暗示があります。

有頂天のあまり、天才の裏側に潜む短期な一面が顔を出しすぎれば、大きな事件を引き起こす危険性も秘めています。

女性の場合ですが、恋愛の挫折、離婚など、結婚運が薄い運気となります。」

さらに、私の前著『名前で人生は9割決まる』では、さらに詳しく、次のように述べています。

「仕事運が良くても愛情や健康運で凶となる画数

男性にとっては強運でも、女性にとっては仕事以外の結婚や恋愛、健康、家庭運などが悪い運気となってしまう画数があります。

総運21画、23画、29画、33画、39画などの女性がそうです。

これらの画数は、仕事と愛情といったものが両立できないためにそのひずみがいつしか大きなマイナス作用を生んでしまうわけです。」

いかがですか?

名前は大きな霊力を持っています。

うかつには付けられません。

そのことをわかっていただけたのではないでしょうか。

第5章
「画数」で知る名前の運勢

前章で正しく数えた「画数」の運勢を詳しく見ていきましょう。

ここでポイントとなるのが「**系数**」という、数のグループです。

総運の末尾の数字（一の位）が1画（11画、21画、31画、41画、51画…）の人は、「総運1系数」になります。同様に末尾の数字が2画（12画、22画、32画、42画、52画…）の人は「総運2系数」、3画（13画、23画、33画、43画、53画…）の人は「総運3系数」、…になります。

「系数」は画数の末尾の数字（一の位）

田(5)中(4)将(11)大(3)　総運23画→「**総運3系数**」となります

秋(9)元(4)康(11)　総運24画→「**総運4系数**」となります

宇(6)多(6)田(5)ヒ(2)カ(2)ル(2)　総運23画→「**総運3系数**」となります

明(8)石(5)家(10)さ(3)ん(2)ま(4)　総運32画→「**総運2系数**」となります

1、総運＝あなたを支配している霊力

姓と名のすべての文字を合計した数が総運《そううん》です。

総運は、一生の運勢を暗示しています。これからあなたを待っている運命が、ここを見れば一目瞭然です。

つまり、**幸運の総画数に命名したり改名することが、これから幸せに生きていくための第一条件になる**のです。

【総運1系数】

健康に恵まれ、周囲からの信頼を得て、確固たる地位を獲得することができる吉数です。順風満帆な人生と思える中でも、何回かの失敗、挫折はつきものですが、この系数を備えた人はそんな失敗さえも大きなエネルギーに変えてしまう強いパワーを持っています。その道でのトップになる素質十分の運命数といえるでしょう。そのため、とくに政治家、財界トップの方々にも多い総運系数です。

ただし、あまりにも強い自尊心のせいで、自己中心的に陥りがち。周囲の意見さえ聞かないワンマンぶりを発揮しすぎると、孤立し、それが原因で、取り返しがつかないほど大きな失敗をする危険性もあります。異性関係のトラブルにも要注意です。

総運11画　順風に成長、前進する

順風満帆で、裸一貫からでも年齢とともにサクセスストーリーになることを暗示しています。

「1」がもつ良い面、悪い面が両極端にあなたを操りますが、たとえ失敗したとしても、それをバネに成長を遂げることができるでしょう。ただし、ワンマンぶりを発揮する傾向が強く、我を通そうとするあまり、苦汁をなめる結果となることもあり得ます。強運を過信しすぎないようにすることが大切です。

女性ならば、結婚運、子宝運ともに吉。ただし、「1」の凶作用である自己中心的、ワンマン、独占欲が表に顔を出しすぎると、その凶作用から失敗することもあるので注意が必要です。

総運21画　名誉運、金運に恵まれる頭領数

人のために献身的に尽くす責任感を備えていることから、ボス的な部分が強くあらわれる暗示があります。中年以降（30代以降くらい）には、権力の座につき、地位、名誉も獲得できます。また、金運にも恵まれ、サラリーマンとしてつかわれるよりも、独立したほうが財力を得られる暗示があります。政治家としての成功も大きい系数です。

女性の場合は、この「21」のもつパワーが強すぎて、結婚よりもキャリア優先で、仕事に生きることが暗示されます。結婚後に、夫の運命を弱めることも、この系数には多く見られる現象です。男女ともに浮気数です。運命を逆転させてしまうような異性間のトラブルには、くれぐれも注意してください。

総運31画　男女ともに強運の大吉数

逆境に陥れば陥るほど、不屈不退転の意思を強くさせて、着実に進歩するパワーが宿っています。また、人間関係や金運に恵まれ、周囲からのバックアップで逆境も克服して、大いに実力を発揮していきます。女性にとっても最良の大吉数です。頭のよさ、美貌を兼ね備え、家庭に入った場合は良妻賢母、社会では男性にひけをとらない活躍で、高い地位を獲得できます。結婚と仕事の両立も可能な数意といえるでしょう。ただし、男女ともに短気な側面や、異性トラブルという暗示も持っており、それが強く作用した場合には、人生を大きく変化させる可能性も大です。

31画で思い出すのは、以前、ある歌手の名前をそれまでの悪い画数から31画に改名したのですが、改名から数か月後に、住んでいた借家に高層ビル計画が持ち上がり、彼は億万長者に変貌しました。31画は財運でもとても素晴らしいものがあります。

総運41画　独立運があり、存在感を発揮する強運数

健康、頭脳ともに恵まれており、それに持ち前の行動力がプラスされて、どんな道であろうと、その業界トップになりうる大吉数です。独立を考えている人なら、最高の運命数です。度胸もすわっていて、まわりからも慕われ、リーダー的存在へと導かれる、男性には最大吉数のひとつです。

また、女性にとっても、人の上に立って活動的に働く実力派の幸運数です。仕事以外でも、恋愛、結婚、すべてにおいて吉の暗示があります。多少婚期が遅れがちであっても、あせらずに最愛の人を待てば、かならず良縁に恵まれます。結婚して改姓のあとに41画になった女性は、内助の功を発揮し夫を出世へと導く数意です。

総運51画　才知と実行力で時とともに運勢が上昇する

穏やかさと実行力がうまく調和している数意です。その実行力がすぐには認められないとしても、そこで焦りは禁物。やがて名声を得るときが来るまで、じっくりと我慢が必要です。必ずや、あなたの努力が報われ運気上昇の機会が訪れる吉数なのですから。野心ばかりが先行すると、せっかくの運気上昇を逃す結果に陥ります。

女性の場合、結婚運、仕事運ともに吉です。結婚は、恋愛よりも見合いに良縁があります。結婚後の改姓で51画になった人は、子どもに恵まれ、一生トラブルなしの幸せな結婚生活を送ることができます。仕事との両立も可能です。

総運61画　特異な個性を発揮し才能が開花する

特異な才能を活かして独特な境地を開花し、発展へと導く数意です。でも、その個性が強すぎるために、協調性に欠ける面もあります。そのため、周囲からの反感を招き、孤立、挫折を味わう恐れもあります。

女性の場合は、五運のバランスさえ良ければ、ズバ抜けた結婚運があります。どんな障害も克服できる強い数意で、思いどおりの道が開けるでしょう。結婚後の幸せ、夫の出世などに恵まれるなど、女性にとってはまさに最高の吉数です。

ただし、男性同様、あまりに個性が強すぎることから、周囲の同性たちから反発を買うこともあり、人間関係に思わぬ誤解を招くこともあります。こちらは注意が必要です。

【総運２系数】

幸運、不運が極端に分かれやすいのが、この総運2の数意です。「小さなチャンスをモノにして、一代で大飛躍を遂げる」という吉パワーと「さまざまな障害がつきまとう」という凶パワーが二面性をもって存在するからです。

凶の作用が強くあらわれた人は、本人がいくら努力しようが成就は困難、その結果挫折するという運命です。病弱数の暗示があり、飲酒による病気やトラブルにも陥りやすい系数です。

しかし、ひとたび吉作用に恵まれると、一気に大成功という道も開けているのが、この系数の大きな特徴です。自分の個性というものを把握し、それを常にプラスに変え、「吉」「凶」の兆しをしっかりと見極めることがポイントです。財運、金銭運は吉の系数です。

総運12画　高望みせずに現状を大切にすることが第一

才知に恵まれるものの、あなたの進む道を阻むような横やりが入ることが多く、困難に見舞われやすいです。

目標が高いほど、生じる挫折感も大きいので、高望みや勝負はできるだけ避け、現状維持に心がけることが大切です。あなたの才能を活かし、アドバイザー的な立場に徹することが幸運へのカギです。

女性の場合は、晩婚になりがちです。また、結婚後の改姓で12画になった女性は、さまざまな障害が多く、苦労の絶えない結婚生活の暗示があります。障害の原因は、姑、小姑とのトラブル、夫の女性関係など。

総運22画　苦労が多いが華やかな世界で成功をおさめる

地味な世界よりも華やかで派手な世界に身を置くことで吉作用がアップし、あなたを成功へと導きます。人知れぬ苦労が突然実を結び、栄光をつかむこともあります。芸能界では、バラエティーで大成する運を持っています。ただし、「分裂」「分離」「混沌」という数意から自主性に乏しく、無気力な面もあります。また、浪費癖が大きな障害を招くこともあります。表面的には成功をおさめているようにみえて、実はその裏で借金地獄に陥るということもあります。家庭運凶。

女性は、結婚に至るまでのトラブルが多数ありそうです。結婚後の改姓で22画になった女性の場合は、料亭、レストラン、ブティックの経営など、華やかな世界に打ってでると、成功を収めるビッグチャンスもありそうです。

総運32画　一代で大活躍を遂げ成功する大幸運数

総運2系数の吉作用が大変強く働き、大飛躍を遂げる幸運数です。企画力に富み、それを活かすチャンスもきちんとモノにして、一気に頂点へと上りつめます。芸能界でも一夜にして大スターとなった人達に多い画数です。ただし、わがまま、うぬぼれは禁物です。それが元で、孤立したり、敵をつくることになりかねません。酒、あるいは異性に関するトラブルにも要注意。

女性の場合、事が結婚となると、「2」の反面の暗示「障害」が顔を出し、トラブルが多発することもあります。この暗示は、結婚後に家庭におさまるのなら吉作用へと転じます。仕事を続けるような場合は家庭内トラブルに注意してください。

32画の明石家さんまさんは、テレビ番組でもまったく裏表がなく、私が出会った芸能人の中でも人柄と財運は申し分ありません。32画には色難がありますが、彼のようなお笑いタレントにはそれも売りのひとつなのかもしれません。

総運42画　補佐役に徹して本領発揮する

幸運、不運が極端に入れ替わりやすい凶作用の強い画数です。チャンスに恵まれるものの、精神力に乏しく、途中で挫折することも多々あります。特に病弱数でもあるので、中年以降に生死を左右するくらいの大病の恐れもあります。健康にはくれぐれも注意しましょう。仕事、人間関係などは、補佐的な立場に徹することが42画の凶作用を吉へと転じるカギとなります。

女性の場合、恋愛、結婚運は平凡ですが、男女ともに、異性に関するトラブルに巻きこまれやすい暗示を備えています。とくに結婚後に、この42画になった女性は、夫のことで悩む日々が多くなりそうです。

総運52画　自分を活かすパートナーが必要

自分よりも他人を尊重しようと考えるタイプです。ただし、「2」の意味する「分裂」「対立」の暗示から、しばしば相手のトラブルに巻き込まれて、責任を取らされるような事態に陥ります。自分の持つ特異な個性をうまく活かしてくれるような、最良のパートナーの出現が、大きな幸運を導くきっかけとなります。そうすれば、パートナーが及ぼす吉作用が大きな反作用になって、注目を集めることになるでしょう。

女性の場合、結婚運が弱く、結婚後も中年以降に家庭運が低下するという暗示があります。結婚するなら恋愛よりも見合いのほうが、堅実なパートナー選択ができるでしょう。

総運62画　野望を抱くと挫折しやすい

目的達成の目前に、力不足で伸び悩みとなり、挫折をすることがしばしばです。もがけばもがくほど、事態は悪いほうへ悪いほうへと導かれてしまう可能性も大きいでしょう。したがって、力量以上の野望を抱くよりも、自分の力に見合った目標に向かって、堅実に生きることが一番です。

特に女性の場合は、人間関係でのトラブルが多く、結婚後にも姑問題、夫の浮気などで頭を悩ませることが多そうです。

男女ともに、62画は、家庭にトラブル発生が多い数意です。

【総運3系数】

下積みなどほとんどしなくても、アッという間に成功する一代出世数が、この総運3系数です。芸能界で一躍スターダムへと駆け上がった人達をみても、この数が多いのに気づきます。成功数も最良の吉数です。

常に積極的で、行動力にあふれ、快活なしゃべりも魅力的。クラス、職場、芸能界などあらゆる場面で人気者となり得ます。また、一気にスターの座を手に入れたあとも、その地位は揺らぐことなく、いつまでも輝く座を維持することが可能です。語学の才能にたけた人も多い系数です。

欠点は「出る杭は打たれる」の言葉どおり前に進むあまり後ろをふり返ることが少ないため、敵をつくりやすいことです。

総運3画・13画・53画・63画　絶妙な弁舌で人を魅了する

総じて運気は安定しています。活動的で、とくに弁舌の素晴らしさが、この数意の魅力です。アナウンサー、作家、水商売、営業マンなど話術を活かす職業に就けば、この吉数を最大限に発揮することができるでしょう。ただし、頭脳明晰、健康運も吉の数なのですが、その反面、性格的に短気で気性が激しい部分もあります。気持ちのままに、つい余計なことを口走り、トラブルを招いてしまうなどの障害はつきものです。しかし、それは致命的に運命を狂わせてしまうというほどのものではありません。それほどこの数意は最良の吉ということです。

女性の場合、熱しやすく冷めやすいという性格が強く、そのせいか、最良のパートナーがなかなか出現せず、婚期を逃しやすいということもあります。が、男女ともに結婚運が吉の総運です。あせらずにパートナー出現を待てば、幸運な結婚生活となります。結婚後の財運、子ども運も吉。独立した会社を興して社長としても成功する数意です。

総運23画　強烈な発展運が一大成功運をもたらす

機動性に優れた大吉数です。この23画の持ち主は、強烈なエネルギーを備えており、一代で地位、財を築くこと、また一夜にしてスターになることが可能です。その後も運勢は揺らぐことなく、素晴らしい人生を導いていくことでしょう。

ただし、あまりにも強烈なパワーのせいで、つい短気、わがままな性格に陥りがちです。味方も多ければ敵も多いのが人間関係の複雑なところ。昨日まで最良の味方だった人が、あなたの性格に腹を立てて突然敵にまわってしまうこともあります。こちらは注意が必要です。せっかくの大吉数を波乱へと変えてしまいます。

女性の場合には、この23画は強すぎる面が多々あります。未婚、既婚を問わず、異性運は波乱が暗示されます。仕事に熱中するあまり、婚期が遅れがちになるのもこの数意の特徴です。結婚後も、家を自分主導で切り盛りする一家の長になるタイプ。自分自身の不倫や、後家になる暗示もみえます。

総運33画　頂点まで登りつめる強大な運勢

大きな野望を抱けば抱くほど、強力な運勢に後押しされるように、成功へ向かってひた走る大幸運数です。しかも、どんな職業であろうと、名声を手にすること、頂点まで登りつめることが可能な「王」の数意です。

実業界のトップ、作家、デザイナー、カメラマンなどの文化人やスポーツマン、そして芸能界でもトップクラスの人に多くみられるのが、この33画です。ただし、慢心は厳禁。周囲との協調が、野望達成へのカギとなります。

女性がこの数を持つと、運気が強すぎるために、晩婚もしくは人によっては一生独身の可能性もあります。また、結婚後も波乱が多く、夫の運気を弱めてしまう可能性も大です。

総運43画　成功と挫折が表裏一体

せっかくの吉数である3系数ですが、この総運43画は、成功と挫折が表裏一体であり、波乱を呼びこみやすい暗示があります。成功が大きければ大きいほど、トラブルも大きいものとなってしまいます。その不運は自分だけでなく、家族や周囲にまで波及することもしばしばです。金運も良いとは言えず、いくら手元に入ってきても、それ以上の出費がかさみ、結局はマイナスとなることが多いでしょう。また、健康運も大いに気を付けたいところです。

女性の場合も、平凡な家庭生活に縁が薄いでしょう。結婚後は家庭におさまるよりも、自分の才能を活かした仕事をすることが、幸運のカギとなります。

今現在、未婚の女性なら、意外な玉の輿の結婚相手が出現する可能性もあります。ただし、男女ともに三角関係、不倫など異性関係のトラブルには注意が必要。

【総運４系数】

この総運４系数は、強い凶作用をもたらす暗示があります。24画以外は、よっぽどの希望が無いかぎりこの系数にはしないほうがいいでしょう。

金運は確かに強い数意ですが、「分裂」「独立」の強い暗示があり、そのパワーがあなたを波瀾万丈の人生へと導きます。目標達成に対する障害も多く、その後は失意が待ち受けるという要注意の数です。健康運も「病弱」の暗示が強く出ています。

ただし、持ち合わせた非凡な才能を活かした適職に就くことで、その道のトップとなる天才もいます。これなどは、大凶数ながら、禍転じて福となした結果でしょうが、いずれにしても、平凡とは無縁の波乱に満ちた生涯となりそうです。

総運4画・14画・64画　誘惑に弱く運気が不安定

波乱を巻き起こす「分裂」の暗示がさまざまな局面であらわれて、浮き沈みの激しい人生を送ることとなります。周囲からの影響を受けやすく、それによって自分が変化してしまうため、目標も不安定になりがちです。金運には恵まれますが、常にそれ以上の浪費をするため、なかなか身につきません。虚栄心の強さや自己本位な主張が孤独を招きやすいのも、この系数の特徴です。ただし、その強い虚栄心や主張を活かせる世界、たとえば芸能界などに飛びこんでいけば、逆にとてつもないパワーを発揮し、栄光をつかむことも可能です。

女性の場合は、既婚、未婚を問わず「分裂」「孤独」「波乱」の系数暗示が強くあらわれて、浮気、不倫、三角関係、家庭不和などの異性間トラブルに陥りやすくなります。男女ともに、誘惑に弱いことも、トラブルを生む原因となります。

総運24画　最高の金運に恵まれる大吉数

凶を示す総運4系数にあって、五行の作用から最強の金運を暗示するのが、この24画です。

毎年の長者番付上位に顔を出す資産家にもっとも多いのが、この総運の持ち主であることからも、そのことは理解できます。しかも、年齢とともに資産を増やし、その結果、莫大な富を手にすることも可能です。現状におぼれずに勤勉、実直、厳格に努めれば、金運が上昇します。

さらに、女性の場合は最高の結婚運もあります。男性なら理想の美女に、女性なら資産家の御曹司といった玉の輿相手からの求愛も、夢ではありません。ただし、三角関係などの異性間トラブルには要注意です。

24画には、私が改名したプロ野球ロッテマリーンズの井口資仁元監督がいます。選手時代にメジャーで2回のワールドチャンピオンリングを手にし、大きな金運にも恵まれました。

もう一人、24画ではテレビでご一緒した人気オネエタレントがいますが、お金や事業欲が強すぎて真実味に欠けるのが欠点です。現状におぼれたり、金銭欲を表に出しすぎたらせっかくの24画の運気もそがれてしまうことを忘れないでください。

総運34画　努力や苦労が実らぬ大凶分裂悲運数

凶数である4系数のパワーがもっとも強いのが、この34画です。いま現在の名前が総運34画なら、真っ先に改名を試みることをすすめたくなるほどの「分裂悲運数意」。不慮の事故、病気などの災難が多く、いくら努力を積み重ねても、最後にはつまずいてしまうような、悲しい人生に陥りがちです。非凡な才能の持ち主といわれても、なかなか陽の目を見ることが少なく、まれに成功しても安泰とはいえません。

親、兄弟、配偶者、子どもなど家族との縁も薄くなりがち。あなた自身が、その悲運をうまく芸や作品に変えるだけの強いパワーを持っていれば、だれにもマネできないあなただけの世界をアピールして、その世界でのトップへと登りつめることも可能です。しかし、それには総運以外の画数に、いかに吉をもっているかが必要となるでしょう。「変人」も多し。

女性の場合も、対外的には幸せを装いながら、実は人知れず悩みを抱えていることが多く、結婚をしても、その後寂しい家庭生活を送る暗示があります。ビートたけしさんの再婚相手もこの画数で、彼の以前からのスタッフとトラブルに発展と騒がれました。

34画には女優、浅田美代子さんと女優、高畑淳子さんがいます。どちらもテレビでご一緒させていただきましたが、浅田さんは捨て犬の保護などに一生懸命でした。高畑さんは人一倍気配りのできる苦労人と感じましたが、二人とも画数が悪いために苦労の多い人生となっています。

総運44画　吉凶が極端で波乱の絶えない大凶運勢

吉、凶が紙一重で極端にくり返されるドラマチックな人生です。しかし、たいていの場合、吉作用の流れのあとに、それよりも数倍強い凶作用の流れがあなたを押し包み、波乱の結果となるでしょう。よほどの気力の持ち主、誰にも負けないほどのずば抜けた才能がなければ、この運命の荒波を乗り越えることは困難です。とくに「4」が暗示する「病弱」の凶作用が、大病へと導く可能性も大です。

女性の場合も、持って生まれた天才肌のためか、その虚栄心から恋愛での失敗が多くなりがちです。また結婚後も、家庭内でのトラブルに巻きこまれやすく、それが家庭崩壊へとつながってしまう可能性もあります。

嵐・二宮和也さんと結婚した元女子アナがこの画数でした。

総運54画　苦労が多く努力が報われにくい運勢

勤勉で実直な性格から、何事にも努力を重ねますが、空回りが多く、その努力がなかなか報われません。今度こそうまくいきそうな場合でも、意外なところから横槍が入る、裏目に出るなどして、結局は努力がフイになる方向へと導かれてしまいます。4系に向く華やかな世界を目指すなど、工夫が必要です。

女性の場合も、やはり八方ふさがりな場面が多く、とくに恋愛の挫折が人生を変えることも多々あります。また、結婚後も夫の病気などの不幸が重なります。

【総運5系数】

とにかく最強の「ツキ」を備えているのが、この5系数。あなたを明るく輝かしい人生へと導いてくれる最大幸運数であるといえます。

しかも、あなたを妨げるような障害が立ちふさがっても、その逆境をバネにして、さらなる幸運を手にする数でもあります。

自分の思い描く目標が高い人で、成功までに起こるさまざまな壁に対し、辛抱に欠ける場合もでてきます。どんな波乱に対しても、強い回復力を備えたあなたです。焦ることは厳禁。どんな場合でも辛抱強く突き進めば、持って生まれたツキの強さが、あなたを幸運へと導いてくれます。

男女ともに、日本だけでなく、世界に目を向けた国際的活躍を望めます。


総運5画・15画・55画・65画　多才でビッグチャンスを得て大成功

仕事運も金運も強烈な強さがあります。多才でマルチな人でも、一芸に秀でた人でも、ともに自分の才能を活かし大成功を収めます。多少強情な性格でも周囲のパートナーに恵まれ、その助力がビッグチャンスにもつながります。

一か所にとどまるよりも、動くことでツキを呼ぶことが大きな特徴です。総じて大きな波乱も少ないので、新しい事業、新たなビジネス展開など、どんどん積極的に挑戦していくことが幸運をもたらすことにつながります。

結婚運も最高で、特に女性は家庭と仕事の両立もうまくこなせます。国際的スケールも大きいことから、結婚相手が外国人であることも吉運につながります。

総運25画　強烈な個性を持つが協調性が成功のカギを握る

独自なアイデアと優れた思考力を持ち、個性豊かな人生を送ります。芸能界でも、個性派で魅力的な俳優に多いのが、この25画です。ただ、その強烈な個性から、我が強く、誤解されてしまうなど人間関係のトラブルに陥ることも多いでしょう。また、人付き合いの偏りも強いのが、この25画の特徴です。付き合う相手の吉運を逆転させてしまうような凶運を持っている人もいます。自分にとって最良のパートナーを得て、うまく協調し合うことが大切といえるでしょう。ときには謙虚さも必要です。「病気」「変人」の暗示の、強い凶数意もあります。

女性の場合、男性に対する理想が高く、そのために男性遍歴を重ねやすい傾向もみられます。結婚後もその傾向は続き、専業主婦にはおさまりきれず、外へ外へと向かう個性を発揮しがちです。

男女ともに、強烈な個性が異性を魅了することから、異性遍歴を重ねがちですが、くれぐれもトラブル、事件には気を付けてください。

総運35画　多彩な分野で大成功する幸運数

頭のキレがよく、弁舌も立つので、学問、文学、芸術、芸能分野などで大いに力を発揮し、地位や名誉、財を成す最大幸運数です。しかし、この35画にありがちなのが「迷い」です。頭が良すぎるために考えすぎて迷うのか、さまざまな場面での決断が鈍ってしまいがちです。

会社社長など、決断力を最大限に要求される職業についたような場合「迷い」は厳禁です。強運を信じて、すばやく決断し突き進まないと、せっかくのツキが逃げてしまうこともあります。相手に対する気づかいも豊富で、営業、接客業などでも大成が期待できます。とにかく自分を信じて早い決断を出すことが大切です。海外での吉運あり。

特に女性の場合は、相手を優しく思いやる性格で「お嫁さんにしたいトップランキング」に入るでしょう。また、結婚後も細かいことまでよく気づく良妻賢母ぶりを発揮し、幸運で温かい家庭生活を送ることでしょう。

総運45画　幸運の女神を呼び寄せ出世する幸運数

大きな野心を持てば持つほど、「5」のツキのパワーを発揮します。その強力な運に後押しされるように飛躍を遂げます。才能、俊敏さもあり、それらを活かすビッグチャンスが、必ずめぐってきます。その時こそ、真価を発揮する時です。

出世運も活発で、多少の波もあるものの、障害を克服し、それを肥やしにできるパワーがあります。とくに年を重ねれば重ねるほど幸運の女神に恵まれる、大器晩成型であるといえるでしょう。

女性の場合は、ずば抜けた結婚運に恵まれています。結婚後も平和な家庭を築き、子宝にも恵まれるでしょう。

【総運6系数】

最大のキーワードは「上昇」です。強力な上昇運によって、さほど努力をしなくても成功へと導かれる暗示があります。また総運6系数には、「拡大」のキーワードも強くあらわれて、上昇すればするだけ、あなたの周囲によき理解者が集い、さらに強力なバックアップとなっていくでしょう。

しかし、あまりにも簡単に上りつめることで横暴になってしまうことがしばしばあります。異性や酒によるトラブルにも注意が必要です。

これらの試練を乗り越えられるか、あるいはくじけてしまうかで、その後のあなたに「幸運」がもたらされるか否かが、大きく変わってしまう数意といえるでしょう。

総運6画・16画・56画・66画　出世運が強くツキと周囲に恵まれる

同じスタートラインから始めても、誰よりも早く順調な出世を遂げるくらい、バツグンの出世運を備えています。自分はなにもしなくても、チャンスのほうからドンドンあなたの目の前にやってきます。また、その強運に導かれるように、支持者も多数あなたの周囲に集います。親分肌の性格からか人望も厚く、集った人々を束ねて更なる躍進を遂げるでしょう。

ただし強力な運気のためか、時に気性が激しい面で人間関係にトラブルが発生したり、親切心でやったことが、誤解を招きアダになってしまうことから起こる異性関係のトラブル、酒によるトラブルにはくれぐれも用心してください。

また、この総運の女性は、出会った瞬間「この人こそ最良のパートナー」と思わせるような、突発的な出会いが待ち受けています。そのため、出会いから1か月もたたないうちに、突然結婚するケースもあります。我を張りすぎないよう注意すれば、結婚後は幸福な家庭に恵まれます。

56画の女優、斎藤慶子さんとはテレビ番組でご一緒したのですが、飾らない性格と素直さに驚かされたことを今も覚えています。

「私、芸能界に向いていていますか!?」と言う人気女優らしからぬ質問に、私は「大丈夫です。向いていますよ。愛情波乱はあっても必ず大きな財運に恵まれます」と答えました。

彼女はその後、突発的出会いで億万長者とセレブ婚しました。

総運26画　才能運はあるが肉親との縁薄く、波乱が多い

実力、才能を備えた英雄運の持ち主です。が、運気が一定せずに波が激しいのも、この26画

数に秘められた特徴です。強運を自らが知っていることから、自己過信も強く、そのために人生の落とし穴に陥ることもありそうです。

また、「色難」の暗示もあり、それによるスキャンダルやトラブルも起こしやすく、しかも、それらは小さなことではなく、今までのあなたをどん底に陥れるほどの事態になることもあります。せっかくの英雄運を、つまらないことでなくしてしまわないよう、注意が必要です。

女性の場合にも、浮気率が高く、男性遍歴を重ねることが多いのが特徴です。結婚、肉親・子どもとの縁が薄く、生涯孤独である例も少なくありません。

総運36画　独創的・創造的感性を活かせば成功、トラブルに注意

作家、作曲家、作詞家、画家などクリエイティブな感性を備えているのが、この36画です。その感性を活かすような職業につければ、「上昇」の運気に乗ることができ、成功への道が開けます。親分肌で多くの人望も得て、それがバックアップとなり、成功の足がかりとなります。

ところが、その反面、人の良い性格が裏目となり、周囲の引き起こした波乱に巻きこまれてしまい、それによって今度は、自分が多くの人まで巻きこんで波乱を生んでしまうようなことがあります。博愛精神が旺盛すぎるため注意が必要。

女性の場合も、女性らしい感性の豊かさを表現できるような職業で成功する人が多いようです。ただ、結婚や肉親、配偶者との縁が薄く、結婚しても、相手に尽くし、幸福ばかり与えすぎようとする割に、その行為は報われません。孤独である生活が多そうです。

36画の上沼恵美子さんの番組には何回も出演させていただきましたが、彼女のマルチな才能とは裏腹に仮面夫婦との声も。

総運46画　順調に伸びるが中年以降に厳しい暗示

総運6系数の持つ「上昇」パワーに乗って、順調に伸び続ける運勢です。ただし、中年以降に、トラブルの落とし穴が待っていることが多くあります。外部からの強力な圧力が加わる突然の事故、事件といった厳しい波乱の暗示です。自分には決して落ち度などないのに、周囲の人間に足をすくわれることさえあります。しかもそれらは、すべてを「無」にしてしまうような強力な暗示です。周囲との和が成功のカギといえるでしょう。

女性の場合、10代など早期結婚のケースが多いのですが、早すぎる結婚は凶です。焦らずにじっくりと自分にふさわしい良縁を待つことが吉です。また、結婚後も孤独であることが多い生活になりやすく、主婦業専念で家庭にこもるよりも、仕事を持って外へ出たほうが吉でしょう。

【総運7系数】

財運、権力運ともに、とても恵まれた系数です。華やかな世界に身を置いた人には、特にその暗示が強く発揮され、成功するケースが高いといえます。

芸能界、政財界などでこの運気に恵まれて成功する人たちが多くいます。ただし、その反面で「孤独」「障害」「事故」「犯罪」の暗示も強く、この凶作用によって悲運の生涯に陥ってしまった例も少なくありません。

吉作用に導かれて華やかな世界で成功した人も、凶作用に左右されて悲しい結末を迎えた人も、総じて平凡な人生ではなく、ドラマチックな人生であることだけは確かといえるでしょう。

総運7画・17画・67画　断固とした強い信念で非凡な人生を歩む

強い信念を持ち、権力運も強力です。平凡よりも変化に富んだ人生が似合いで、政治家、芸能界など華やかな場での成功率が高いでしょう。あまりに強い信念のために、決して譲らない面もあり、トラブルに陥ることも多々あります。不慮の災難、突発的な事件などの危機にも見舞われやすいようです。変化に富む人生を好む人ならいいかもしれませんが、平穏無事な人生を願う人には、凶の総運です。

また女性の場合は、とにかく結婚に関するトラブルが多いのが特徴的です。結婚後の改姓でこの画数になった女性は、早い段階での離婚や、一家の経済を支えるために生きるような事態に陥ることも多そうです。

総運27画・57画　名誉運強いが、ここ一番で障害が発生する

名誉、権力に縁が深い数意です。その運命のパワーと豊かな才能、特異な個性で成功への道が開けています。

しかし、その強いパワーと同じくらいに、凶の反作用も備えています。しかもそれは、ここ一番というときに事故や不慮の災難、身内の不幸といった形であらわれます。強すぎる自我、高すぎる自尊心から招く周囲との摩擦なども、大きな事件へと発展することがあります。

女性の場合、結婚までの道が遠く、結果、押しかけ女房的になることも多そうです。結婚後も、プライドの高いあなたに夫がついていけずに離婚というケースもみられます。

総運37画　独立心旺盛だが反発を招きやすい

独特な個性や才能の持ち主で、新しい分野を切り開いていくのに適したパワーを秘めています。組織の一員としてよりも、独立して非凡な才能を発揮するほうが、パワーの効果も高いでしょう。ただし、あまりにも個性が強すぎるので、周囲からの反発、抵抗も大きいことは否めません。また、「結婚運」に凶が強く暗示されています。家庭運も凶の作用を持っています。「病気暗示」あり。

女性の場合、「天運」「地運」「外運」「内運」など他の構成にもよりますが、基本的に結婚運、家庭運が薄いといえます。仕事一筋の暗示が強いのです。もしあなたが結婚に強い希望を抱くなら、他の総運への改名をおすすめします。

総運47画　多くの支持を受け地位と名誉を手に入れる

この47画の吉運は強大です。多くの人達の強力な支持を受け、運勢が開花した瞬間、またたく間に上昇を極め、人気、地位、財産を築いていくでしょう。豊かな個性、決断力、実行力ともに優れていて、さまざまな分野での成功の暗示がみえる最上昇数意といえます。もちろん7系数の「障害」「自信過剰」などの凶作用もありますが、47画に限っていえば、それほど強いものではありません。

女性の場合も、未婚、既婚を問わず家庭運は最高で、金運も良く、特に現在未婚の女性なら、ステキな玉の輿結婚が控えている可能性大です。

【総運8系数】

総運8系数に宿る「健康」「繁栄」のキーワードに導かれるように、活発で俊敏さを持ち合わせた人です。とくに、スポーツの世界での成功、繁栄には最適の総数です。「繁栄」の暗示も備えていますから、このパワーを十二分に活かすことで、財運もアップします。

また、この系数には「笑う」という作用も働いているため、ボードビリアンや笑ビジネスの世界で花開く運気もあります。

弱点は、妥協心の薄さと金銭欲。自分が自分がと前に出すぎると、トラブルや失敗の元になります。周囲の理解者たちの意見もキチンと聞く耳を持ち、またそれを活かした新たなパワーの源とできるように努めることが肝心です。

総運8画・18画・58画・68画　強力なフットワークで名声を得る

総運8系数の強力なパワーに導かれた旺盛な活動力とフットワークの良さが、名声と財を築く道へとつながります。素晴らしい突進力を持ち合わせており、勘で世の中を上手に渡り抜くこともできるのが特徴的です。お笑い、コメディアンの成功者に多いのも、この総運です。

一匹狼的な存在の場合は、吉作用で成功へと導かれますが、組織の一員として働くような場合は、凶作用のほうが強くあらわれないよう、妥協心を持つことが大切です。持ち前の活動的なフットワークを活かし成功するためには、個人で独立したほうが良いといえます。金銭欲が強くなりすぎないように注意。

また女性の場合は、配偶者や家庭内トラブルなどに悩まされる暗示があります。

8画のヒロミさんは、芸能界の大御所から可愛がられていることでも知られていますが、彼がまだ本名の小園浩己とヒロミを統一しないで使っていた時期があり、ＴＢＳテレビで所ジョージさんとヒロミさんがＭＣの番組に出演した際、私は彼に芸名はヒロミに統一しなさいとアドバイスしました。その後、彼は実業界でも成功し、今も芸能界で独特の位置を確保し活躍しています。

総運28画　栄光をつかみながらも足元は危ない

繁栄の暗示がありながらも、それをなかなか活かしきれないのが、28画の特徴といえます。自分の才能を活かし栄光をつかんでも、それは一時的なもので、次第に下降線をたどるという足元の危うさが常につきまといます。

自分自身が活動的に、あらゆる場所へと動きまわったりするなどの、エネルギッシュな仕事につくことが「8」のパワーを最大限に活かすポイントといえます。スポーツ、芸能界、研究者などが、あなたの才能、良さをうまく引き出すポイントといえるでしょう。

女性の場合、晩婚になりがちです。また結婚したとしても、家庭的トラブルに見舞われやすく、平穏無事な毎日というわけにはいきません。

総運38画　大衆心理をつかんで大きな成功運

頭の回転が良く、柔軟性に富んでいます。事業などの実業界よりも文化、芸術などで才能を発揮すれば、堅実な成功へとつながります。

それは、38画が正義感があり、大衆心理をつかんで、幅広い人気を獲得できる「拡大幸運数」だからです。

この暗示を活かして成功した文化人も多くいますが、凶暗示である金銭欲がチラつくと、運気を下げてしまいます。一代で名を成すためには妥協心も必要。金銭、権力に執着すると運気低下。

女性の場合、結婚後に改姓でこの画数なら平和な家庭生活を築けます。また家庭内だけでなく、広く外の世界へも目を向けるようになり、そのことも吉につながります。

総運48画　中年期の健康トラブルには要注意

行動力に富み、自分が計画、発想したことをキチンと実現させることができる人です。誠実な性格から多くの人望も得ます。しかし、浮き沈みも激しく、中年以降に大きな試練の壁がありそうです。そんな凶作用を吹き飛ばすには、「8」のもつ「肉体」「健康」の暗示パワーを明確に発揮できる世界へ進むことが適策です。たとえば、スポーツ界やその関係職業につくなど。芸能分野も吉。他の世界を希望するなら、先頭に立つよりも、一歩下がって相談役的な立場の方が吉となります。

女性の場合は、結婚運が良好です。仕事優先で、結婚が遅くなったような場合には、ステキな再婚者出現の暗示があります。結婚後の改姓でこの画数なら、夫を立てて能力を最大限引きだすような良妻になりそうです。

【総運9系数】

天の才にあふれた総運の持ち主です。持って生まれた独特な才能、優れた直感力に操られて、芸術や科学などの分野で大きな成功を収めることができます。

しかし、その鋭すぎるくらいの感性ゆえに、ちょっとした局面でも傷つきやすく、極端にデリケートなところがあります。また、天才であるがための悲劇にも見舞われやすい面もみられます。「感性鋭い奇才」とでもいえばいいのでしょうか。常に不安定で、平凡とは程遠い人生となります。

しかも、事件、事故、病気などに縁が深いことも不安材料となります。また、家庭運に「波乱」の暗示もあり、あなたの周囲にまで災いを及ぼすことも考えられます。

総運9画・19画・59画・69画　天才肌だがトラブル等運気不安定

総運9系数の「運気不安定」が非常に強く作用する画数です。せっかくいい感じで進んでも、中途挫折や失敗をみる可能性が大きいでしょう。また、自分自身やあなたの周囲で事故、病気、自殺などという悲劇を背負いこむことの多い人生で、晩年も満たされない悲しいものがあります。

しかし、「9」の持つ感性や天才的なパワーをうまく活かせる分野での成功も考えられます。一番の吉例はスポーツ。職業の選び方ひとつで運勢が大きく変わることを自覚しておくことが大切です。

また、女性の場合、結婚運も凶が強くあらわれています。結婚後も家庭内悲劇、夫の事業失敗といった苦労がついてまわりそうです。男女ともにパートナーの異性問題でも頭を悩ませる苦労がありそうです。テレビで共演したアンミカさんは家庭波乱の卦がありました。

総運29画　どんな世界でも頭角を現す

総運9系数の吉作用を最も発揮し、凶作用の影響を最小限に抑えられるのが、この29画の持ち主です。持って生まれた知的才能、幅広い活動力から大衆の人気を獲得し、どんな分野においても高い地位、頂点を極める暗示があります。中国で「王座の数意」とも呼ばれ、大成功数のひとつです。ただ、凶作用が少ないといってもゼロというわけではありません。有頂天のあまり、天才の裏側に潜む短気な一面が顔を出しすぎれば、大きな事件を引き起こす危険性も秘めています。

女性の場合ですが、恋愛の挫折、離婚など、結婚運が薄い運気となります。

総運39画　信頼を集め成功する強い運勢

総運29画と同じく、吉作用が凶作用を圧倒するほど強力な運勢です。それは年齢とともに安定感を増して、いずれはトップとしての地位を獲得することも可能なほどです。ただ、強すぎる運気のせいか、周囲とのトラブルを起こしやすいのが欠点です。気の強さから「多少のトラブルもしようがない」などと侮《あなど》っていると、多大な信頼を一気に失い、自分で自分の運気を下降させてしまう恐れもあります。健康面の凶暗示も注意が必要です。

女性の場合も、仕事に生きるパワーは相当大きく、大成功を収める暗示があります。しかし、結婚となると「波乱」の暗示が強く顔を出します。結婚相手の画数にもよりますが、幸運な結婚生活というのは望めないかもしれません。

総運49画　好不調を繰り返し吉凶紙一重の運勢

2〜3年ごとに幸福と不幸が入れ替わるような「吉」「凶」紙一重の総運です。小さな好調、不調なら1週間や1か月の単位で、大きな波のような波乱は1年というような単位で、とにかく、この吉と凶のくり返しが一生つづくのが特徴です。吉の場合はいいのですが、凶の場合、自分だけならまだしも、この運命の波は家族や周囲の人達にも災難、事故という形になってあらわれます。凶作用を乗り切るには、小さな一歩という堅実さが一番です。吉、幸運、好調のときにもオゴらずに、着実に一歩一歩と進んでいくことが、凶作用を遠ざけるカギといえるでしょう。

女性の場合は、恋愛時代、特に結婚すると決めた相手との結婚に至るまでの「波乱」が暗示されます。男女ともに異性運が非常に不安定です。

【総運0系数】

名前に隠された画数という数字によって運命の謎を解き明かした、儒教の創始者である孔子の時代には「0」という数字が存在しませんでした。「0」とは、つまり「無」で、ないものは存在しないのが当たり前です。

「0」が占術に用いられたのは、中世紀以降、インドで生まれた「0」の概念が伝えられてからのことでした。だから九星術でもわかるように、1から9までで占い、「0」は存在していないのです。画数も1画から9画までいくと、10画は1という解釈です。「姓名学」においてはそれ以後もほとんどと言っていいほど、この「0」という数字は無関心なままで放置されていました。

私は、さまざまな人達の名前を研究し続けました。そして、日々のニュースから流れる悲惨な事件をみて、気づいたのです。まれにみるくらいの吉数を備えた人なのに、どうしてこんな事故に巻きこまれるのだろうか？ なぜ、性格的にも最高の暗示がある人なのに、こんな事件を引き起こしてしまったのだろうか？ などなど……

そして分析、考察の結果、発見したのが、この「**0**」だったのです。

私は、「姓名学」というものにたずさわり、もう50年以上になりますが、改名の際には、この0系数に変えることは避け、しかも、現在の名前のどこかに0系数を持った人に対しては、できることなら、別の画数への改名を強くすすめてきました。

さらに、10画、20画、30画、40画、50画などは、それぞれの1、2、3、4、5という画数暗示よりも0の意味、要素が強く潜在して発揮されるということを発見しました。そして、これらの画数が本人だけではなく、家族や周囲にも強い影響を及ぼすということもわかったのです。

「0」の暗示するキーワードは、「頂点」「変身」「誕生」「転落」「全滅」「勝負」「発明」

「分裂」です。「頂点」というキーワードもあるのですが、たとえ大きな成功で頂点を極めても、結果的に「転落」「全滅」などの凶作用が強く働いてしまうのが「0」です。幸運から突然の転落、成功から一気に大失敗というように、運命逆転パワーに導かれるような人生を暗示しているのがこの「0」なのです。

「0」は、「総運」だけでなく、「天運」「地運」「外運」「内運」と、どの「五運」に存在してもトラブルと縁が深いくらいに、強い凶作用があります。それは、「0」は他の数と違い、「0×2×5＝0」「5×5×5×0＝0」というように、どんな数字を掛け合わせてもご破算、結局「0」にしかならないからです。それだけ、他の運勢にまで影響を及ぼす強い数なのです。また、いかなる数に「0」を加えても（足しても）数が増えることや減ること（変化すること）はないのです。

「頂点」などの吉パワーに操られて、順調に成功までの道筋を歩んでいく人もいますが、得てしてその栄光を手にした瞬間に「0」→「死神《しじん》」パワーが作用し、一気に奈落の底へと堕ちていきます。総運0系数は、まさに急伸から急転落を、見事に暗示しているのです。破壊力が強いだけでなく、その反面、上昇運も強力ですから、人もうらやむような大成功を得た人たちも数多くいます。

ただ、人の人生とは、今が満足ならそれでいいか、といえばそうではありません。ずっと長きにわたり、年齢を重ねるごとに、幸せであり続けたいものです。「0」には、今の幸せを極端なくらいに大不幸に導く運命的暗示があります。思いがけない事故、突然の病、事件に巻きこまれる、自殺、借金苦などなど……今まで私が調べた中でも数多くの人々が、この0系数の運命に導かれるように、栄光から転落への道を歩んでいるのです。

0系数の名前を持つ人は、どうすれば良いのか？

それでは「0」を持った人は、必ず改名をしたほうがいいのでしょうか。

0の作用を活かすには、先にも述べましたが、上昇運、成功運も強力なだけに、この極端なくらいにパワーを秘めた運気を、うまく利用して成功している人もいます。例えば、一回で勝負が決まるような形で吉、凶、吉、凶と運命逆転をくり返すような職業に就いた場合です。表裏一回から九回までを戦い、また一試合一試合が勝負の野球選手、一作一作が勝負の作家、出演作ごとに勝負がくり返される芸能界……こういう職業に就いた場合には、吉作用をうまく活かすことも可能です。

しかし、いずれにしても「0系数」「死神」の秘めた大凶パワーは膨大で、その人のみならず、周囲の人々にも強い影響を与えてしまいます。よほど優れた才能や感性を持った人でなければ、数字の持つパワーが強力すぎるのです。

今現在、名前のどこかに0系数がある人で、波乱のない平凡な人生を望む人、安定した生活を送りたい人は、改名をして「0」以外の画数を得ることを強くすすめます。

2、内運＝内なる本来の性格

姓の最後の1文字と名の最初の1文字を合計した数が**内運**《ないうん》です。
表面ではわからない、自分や友人や恋人の本当の性格がわかります。

内運1系数　計画性を持ち目標を達成するが妥協できない

自分のしっかりとした考えのもと、計画性を持って、マイペースに進んでいく人です。とにかく計画的で、意味のない一発勝負は避けます。自分の人間関係を非常に大切にする反面、こうと自分が決めたことに対しては強引なくらいに推し進めていく、妥協を許さない面があります。自分に多大なる自信を持っているので、誤解されたり過小に評価されたような場合は、鋭く相手を批判します。こんなところから、人間関係が、突然崩れるような場面が多々あることが欠点でもあり、世間を狭める原因となります。

この性格は、異性に対しても同様です。プライドをひどく傷付けられたときは、同性に対するときと同じように強い批判を浴びせます。本来の真面目《まじめ》さは、協調性を持つことでさらに強化されるでしょう。

内運２系数　心配り細かく積極性に欠ける精神不安数

感受性が豊かで、相手の気持ちを一瞬にして見抜く力を備えています。相手を思いやる気持ちも大きく、自分を犠牲にしてでも、相手のことを守ってあげたいという、優しい気持ちを持ち合わせています。

ところが、その気配り精神に行動がついていきません。そのせいで、思いだけが先行するばかりで、行動が伴わない自分に自信が持てず、つい無口な人間となってしまうことがあります。相手の気持ちを理解しているのに、自己主張が苦手となってしまい、相手からは「何を考えているのか全然わからない人」と思われてしまうような、損な役回りです。その結果、ストレスからくる神経症や、ノイローゼにも注意していただきたいタイプです。

自分を引き出してくれるような相手に恵まれると、デリケートさが大きく花開きます。

内運３系数　積極的で典型的なネアカ、人気を集める

頭の回転が速く、笑いを交えた会話も巧みで、周りを飽きさせることがありません。生まれながらの人気最高運の持ち主です。そんなあなたの周りには、自然と多くの人が集まってきます。常に会話の中心、主役の位置にいないと気が済まないような、少々強引な面もありますが、面倒見のいい点や適切な行動力などのせいか、周囲からの反発は無く、リーダー的な存在としてみんなをまとめ上げていけます。

ただし、つい調子に乗りすぎて、余計なことまで口走ることがたまにあります。口は災いのもと。気づいたときには、自分を戒めて、口を控えることも大切です。また、自分が、自分がと前に出すぎて、他の人のチャンスをつぶすことのないよう、注意しましょう。

内運4系数　ユニークな発想で創造性あるが精神不安数

アイデア豊富で、筋道をキチンと立てるのではなく、なんでも「ひらめき」で勝負するタイプです。クリエイティブの才能の持ち主で、生まれ持った天才肌です。

しかし、「自分の考えたとおりに物事が進まない」「自分のことを誰もわかってくれない」といった不満がつのったとき、そしてそれが度を越したときには、虚言癖が出てしまったり、カーッとして周囲に当たり散らすなどの行動に出ます。そんなヒステリックなあなたの行動に周囲は引いてしまい、結局あなたの才能も認められないまま「孤立化」してしまう危険性があります。これは「分裂」の暗示による二重人格的性格からくるものです。その頑固さが命取りにならないように注意しましょう。天才肌は、性格をリラックスさせることで、さらに発揮されます。

精神疾患や心身症にも注意が必要です。

内運５系数　相手の立場でものを考え正義感強い

とにかく、正義感が人一倍強い性格です。人を気づかいすぎて自己主張はかなり控えめです。そのため一人になると、悶々としてしまうことも多いようです。さまざまな人との付き合いも断ることなく参加し、そこでも多いに場を盛り上げようと努力を惜しみません。でも、特に何もないときは、仲間といるよりも、一人で気ままに過ごすほうが好きという面も秘めています。「優しさ」と「優柔不断」、「大人数で楽しく」と「静かな孤独」といった二面性を備えているのです。

注意しなければならないのは、自己主張を控えめにしている分、いったん糸が切れると普段は考えられないほどの勢いで、怒りを爆発させてしまうということです。それは、今までの人間関係に亀裂が入り、修復不可能なくらいのものです。怒りはその場その場で小出しにするということも、心がけてください。

内運６系数　誘惑に負けやすい親分肌の人情家

シャープなポーカーフェイスを装っている反面、ドラマやスポーツなどの感動シーンをみて、思わずポロポロと涙を流してしまうような、人情あふれる面も持ち合わせている人です。人から頼まれればイヤとは言えないお人好しな部分もあって、そのためか、利用されやすい、いわゆる「いい人」になってしまいがちです。また、さまざまな誘惑に弱く、特に異性からの誘いは断れない性格。実際モテるタイプなのですが、そんな部分が「異性にルーズだ」と言われてしまう結果につながります。酒に弱いのも大きな特徴です。

そんなあなたですが、義理と人情あふれる親分肌で、とにかく周囲もついてきます。

しかし、うぬぼれやわがままのマイナスパワーがあまりにも強く出てしまうと、周囲から完全に見放されてしまうような極端な結果もあり得ます、くれぐれもご注意を。

内運7系数　感受性豊かで意志が強いが我を通す

思ったことはすぐ実行に移せる行動派です。粘り強さ、負けん気、我慢強さも人一倍強く、必ずやり遂げる実行力も備えています。多方面で個性を発揮し、実力も十分な反面、プライドが高く、自信過剰な一面もあります。そのせいで、自分の言ったこと、したことが批判されたときなど、強烈な怒りとなることもしばしばです。

人からの裏切り行為は極端に嫌いで、気にしていないような素振りに見えて、実は根強く心に刻みこんでいます。異性に対してこの感情が目覚めたときには特に大変。激しい嫉妬や復讐精神から、思わぬ事態を招く恐れもありそうです。自我をどれだけ抑えられるかが、この系数の発展のカギです。

内運8系数　活動的で決断力あるが周囲との調和が必要

活動的で、エネルギッシュな性格。しかも、自分を追いこめば追いこむほど、パワー全開になるタイプです。こうと思ったことは、人の意見に左右されず、あくまでも「自分流」で実行していきます。人が見ていないような場面でも、努力をつづける不言実行派です。それは、この「8」の凄まじいばかりのエネルギーが活かされているからです。

しかし、思いこみが激しく、協調性に欠けることから「変人」扱いされることが多々あります。周りからの助言に耳を傾けようとしないため、それが人間関係のトラブルにまで発展することもあります。また、金銭欲などを強く出すと、せっかくの吉作用の性格も、凶へと転じてしまいます。

また、好き嫌いが激しく、単細胞的な要素があります。

内運9系数　感性豊かで美意識強いクールな性格

自分主義を貫いて、流行やお金にはあまり左右されない、クールな芸術家タイプです。自分の才能を活かしてくれる場所があるなら、給料など二の次で、新たな職場に移るような行動力もあります。他人への中傷、避難をすることもなく、人当たりもいいことから、対人関係でのトラブルも少ないはずです。これは、自分以外の人間にあまり関心がない、この系数特有の自然な行動からきているとも言えます。

ところが、あくまでもクールな芸術家タイプの表面からはわかりませんが、実は内面感情の起伏が激しく、いったん落ちこむとトコトン落ちこんでしまうなど、コントロールがきかなくなってしまう一面もあります。頭のキレがよく、才もあるのですから、いい意味で「バカになる」ことも時には必要です。

内運0系数　複雑な性格は周囲から理解されにくい

活動力、創造性に富んでいます。しかし、「有」と「無」、「創造」と「破壊」、「上昇」と「転落」、この相反する極端な逆転の大凶パワーが、内運に秘められています。良識ある温和な人が、いきなり豹変して暴力的になるなど、二重人格的要素が多分に存在します。事故、自殺、殺人などの大事件など、常に心のどこかで、自分がそうならないように気づかっていなければいけません。感性や芸術、スポーツといった分野では、周囲から注目の的となる人ですから、その要素をいかに取り込むかが大切なキーワードとなります。

精神面でのトラブルを抱えやすく、犯罪に関わってしまう危険性があります。注意してください。

3、地運＝愛情面、行動力

名前の部分の画数を合計した数が**地運**《ちうん》です。
異性に対する愛情や相性などはここでわかります。

地運1系数

男性　ひとりの女性に一途に愛を尽くす

【恋愛】地運1系数の人は、一見遊び人タイプに見えながら、実は誠実で優しく、一途に愛を貫く人です。いざ心奪われる女性が登場したときには、その人をひたむきに愛し続けます。相手のことを気づかい、きめ細やかな行動で女性をリードしていく姿は、女性にとって頼りがいのある男性と映ります。

自分に自信があり、思ったとおりコトを運びたい性格が強く、その要求は相手の女性にも及びます。これがマイナスに映ると、「自分勝手な人」と見えてしまうこともあります。

一途な男性だけに、一度この人と決めたときの失恋は痛手も大きく、そのことが一生を左右してしまうということも、このタイプにはみられます。ストレートな行動派ですが、内面は、恋に対して繊細でデリケートというわけです。地運1系数、とくに地運21画には、「色難」「女好き」の暗示がみられます。

【SEX】相手の女性を十分に楽しませながら、自分も思いきり楽しんでしまうタイプです。ベッドでは、あの手この手で積極的に愛を表現しますが、ともすれば、それがエスカレートしてしまう場合もあります。そんな時は、アブノーマルな趣味に走る、なんてこともあり得ます。

女性　プライドは高いが、一途な情熱派

【恋愛】早くから大人っぽいセクシーな魅力にあふれているのが地運1系数の女性です。そのせいか男性からの告白も多いのですが、簡単に誘惑になびくことはしません。一見すると恋愛経験が豊富そうに見えるのですが、実は少ない人が多いのがこのタイプです。

だから、いざ夢中になれば、そのときは極端に一途な恋愛になっていきます。それは、不倫であろうが、三角関係であろうが関係なく、ただひたすら激情的に愛を貫いていきます。

【SEX】本当の自分をさらけだすのが極端に苦手なのがこのタイプです。それは、どんな相手でも同様です。ベッドの中でさえ恥ずかしそうなままで、心から陶酔するような自分をみせることはできません。男性は優しい言葉や仕草で、じっくりとリードしてあげることが大切です。地運21画の女性は、異性とのトラブルの暗示があります。

地運2系数

男性　実は女性にリードされたい甘えん坊

【恋愛】自分の価値観に自信を持っているために、女性を思いどおりにしたがる面がありま す。嫉妬心も旺盛で、常に女性にプレッシャーをかけます。実はその裏には、母のような女性に甘えたい「マザーコンプレックス」が潜んでいるのです。本当は、気が弱く、甘えっ子で、疑り深く、それが裏返って「嫉妬」という行動になっているのです。このタイプには、ときには、女性のほうが積極的に甘えさせてあげることも大切です。

【SEX】研究熱心な部分をSEXにも活かそうとするのがこのタイプ。前戯でテクニックを駆使したり、変則的な体位を試そうとしたりさまざまです。しかし、スタミナに欠ける点も、このタイプには多くみられます。

「マザコン」心をくすぐるように、女性のほうから優しくリードしてあげることもSEXの上では効果的かもしれません。

年上女性との結婚が多いのも、このタイプです。

女性　恋人ができれば意外と積極的

【恋愛】自分の女性としての魅力にいまひとつ自信が持てず、恋愛に対して臆病なのが、この地運2系数の女性です。ところが、ひとたび恋人ができると男性も驚くほど積極的な女性へと変身してしまいます。恋人に対して、これでもかというくらい尽くし、燃え上がる愛情を表現してみせます。

しかも、一瞬にして火がついてしまった恋です。猜疑《さいぎ》心、嫉妬心も人一倍強く、男性のちょっとした仕草や、言葉にもピリピリと反応を示してしまいます。地運2系数の女性は、いわゆる「愛人」タイプも多く、恋に陥ったが最後、情熱的に燃え上がってしまうのが特徴です。

強引な押しに一番弱いタイプです。

【SEX】SEXそのものよりも、おたがいが触れ合うことで、愛を確かめ合っていたいと思うような気持ちのほうが強い女性です。

ベッドで行為のあとに優しく手をつなぎ合って眠る、包みこむように抱き合って眠るなど、お互いの触れ合いに、愛を求めています。行為が終わったあとは、自分ひとりタバコをくゆらせ、そのまま背中を向けて眠ってしまうという行動は厳禁です。

地運3系数

男性　結婚より恋愛のラブゲーム派

【恋愛】自分の容姿、仕事ぶり、話術、ファッションセンスなどに自信たっぷりで、好きになった女性を押しの一手で自分の恋人にしてしまうようなタイプです。結婚よりも、恋愛を自由気ままに楽しみたいラブゲーム派で、恋愛経験は豊富といえるでしょう。

また、情報通でもあり、デートに選ぶ場所も常に女性好みの場所へと誘ってくれます。フレンドリーな男の魅力を持ち合わせ、女心を優しくくすぐる付き合い方、いわゆる「恋愛上手」なのが、この地運3系数の男性です。

【SEX】前戯はたっぷりと時間をかけるような、女性に対する優しいサービス精神は旺盛で、SEXを楽しむ人です。しかし、会えば常にSEXを求めるようなタイプではありません。恋愛を楽しむことが優先で、「性」を目的にしているわけではないからです。

女性　男を途切らせることのない恋愛上手

【恋愛】持って生まれたキュートな魅力で男性をひきつけ、恋の相手には不自由しません。どちらかというと、結婚といった儀礼事より、恋愛そのものを楽しむタイプです。自分はいつでも恋愛できるという自信から、ひとつの恋が終わっても引きずることなく、気持ちの切り替えも早い人です。

豊富な恋愛経験があるので、男性の見極めも大変鋭く、たとえば、本心とは別の下心があるような男性から誘惑されても、それに乗ってしまうようなことはありません。それはルックスがいい、お金持ちなど、どんな好条件でも変わることはないでしょう。「愛される」より「愛したい」と思っている女性です。

【SEX】恋愛と同じくらい、SEXも大好きです。ベッドでのテクニックも男性を魅了し、自分自身もそれによって最高のよろこびを感じます。男性にとっては、このタイプの女性と恋愛関係になれば、最高のパートナーとなるのではないでしょうか。ときにはサディスティックな女性もみられます。

地運4系数

男性　エネルギッシュなプレイボーイ

【恋愛】地運4系数は常にエネルギッシュな男性です。どんな女性であろうとも、自分が好きになれば、必ず恋が実るという自信があります。それが、ひとりの女性だけでは満足できずに、同時に複数の女性との交際に発展することさえあります。

しかし、いい加減な遊び人というわけではありません。いわゆる天性的なプレイボーイなのです。ひとりの女性に精いっぱいの愛情を注いでも、エネルギッシュなパワーがまだまだ有り余り、別の女性に新たな魅力をみつけた時には、そちらにも目が向いてしまうのでしょう。

【SEX】強烈なSEXパワーを持った人です。複数の女性とおのおの真剣な恋愛ができるのも、そのせい。世にいう「絶倫タイプ」というのが、この地運4系数の男性です。

女性　カリスマ的魅力を持つ女王様タイプ

【恋愛】女性としての色気を見事にふりまき、多くの男性たちを魅了します。パーティー会場など複数の人間が集うような場所でも、とにかく目立ち、男性たちが放っておかないような、カリスマ性も備えています。本人も十分にそのことを自覚していますから、恋愛には自信があります。同時に複数の男性と恋愛することもまったく気にしない「恋多き女性」です。

ただ、「男性は女性に尽くすのが当たり前」「私は付き合ってあげているのよ」という傲慢な部分があったり、メイクがきつく、一見すると近寄りがたい女性も多くみられます。付き合っている男性が、別の女性と浮気でもしようものなら、ひどくプライドを傷つけられ、すぐにその恋は破局します。こんなくり返しが多いことから、結局は「真の恋愛」というものに出会えない女性が多いのも、この地運4系数の特徴といえます。

【SEX】SEXの快楽を大いに追求し、また冒険的なSEXも試みようとするタイプです。テクニックも豊富で、ベッドでは男性に精いっぱい尽くしますが、自分も男性から奉仕されたいと願っています。

地運5系数

男性　女性に優しいフェミニストだが優柔不断

【恋愛】常にレディーファーストを心がけているフェミニストが、この地運5系数の男性です。ちょっとした仕草、表情で女性の感情を見抜くことも得意で、それに対する優しい心づかいも的確です。女性にとって、そんな優しい彼は、申し分ない最高のパートナーです。しかし、実はこの優しさというのが少しクセモノ。いつも「いいよ」といってくれるから、女性からはわかりづらいかもしれませんが、本当は「イヤ」と思っていることもあるのです。

「優しさ」の裏には「優柔不断」というやっかいな面も潜んでいます。この「優柔不断さ」が高じてくると、その女性に対する気持ちが冷めてしまっているにも関わらず、なんとなく関係を引きずってしまったり、他に好きな女性ができても、言い出すことができず、三角関係になってしまったりという状況に陥ってしまいます。しかも、いつもどおりの優しさで、女性には何もわからなかった分だけ、悲劇的な結末もあります。

【SEX】このタイプはエネルギッシュな精力の持ち主です。多少テクニック不足な点はありますが、持久力、回数で勝負するスタミナ十分のタイプです。

女性　恋に恋して夢を追うロマンチスト

【恋愛】「白馬にまたがった王子様が、いつかわたしを迎えにきてくれる」と、こんなことを夢見るロマンチスト、それが地運5系数の女性です。ただ、恋に恋して夢見るあまり、現実との大きなギャップに絶望してしまい、恋の破局を迎えることも多々あります。そのため、「今度は絶対に王子様に出会う!」と夢を求め続けて悲しい恋愛をくり返す可能性も大です。しかし、ひとたび自分が夢見たとおりの相手と出会い、恋に落ちれば、持ち前の母性愛でトコトン尽くし、さらに幸せな結婚生活へとゴールインすることも可能です。女性なら誰もがうらやむような玉の輿結婚もあるのが、このタイプです。

【SEX】恋に恋して、夢を追いつづける地運5系数の女性は、SEXに対しても夢を追いかける気持ちがあります。そんな気持ちを満足させるためにも、雑誌を読んだり経験豊富な友人の話に聞き耳を立てたりと、研究熱心です。そして、「次はこうしてみよう」「こうすればもっとよくなるかも」と。冒険的なチャレンジをくり返します。当然、回数をこなすことでうまくなっていきます。

地運6系数

男性　とにかくモテるフェロモン系

【恋愛】女性を魅了するようなフェロモンを放ち、とにかくモテるのが地運6系数の男性です。面倒見がよく、女性をうまくリードできることも、女性から好かれる理由。本人も女性が大好きで、プレイボーイ的といえます。

でも、同じプレイボーイタイプである地運4系数と違う点は、こちらは少し気が弱く、女性から頼まれたら「イヤ」といえない面があるところ。どちらかといえば、お人好しな男性です。「女難」の暗示もあります。恋愛に冷めてしまったあとも自分から別れを切り出しにくく、結果、複数の女性と付き合って三角関係のいざこざも絶えることがありません。男女とも酒に注意。

【SEX】エネルギッシュなパワーとテクニックを備え、どんな女性をも満足させてしまいます。本人自身もSEXが好きです。SEX好きの女性だったら、こんな最高のパートナーはいないでしょう。

女性　母性本能で献身的に尽くすタイプ

【恋愛】母性本能が強く、気の弱そうな男性、年下のかわいい男性をみると放っておけないような面があります。

それも、いったん恋に落ちてしまったら、何をおいても献身的に尽くしてしまう、情熱的な恋愛です。相手の男性が誠実に自分を愛してくれる人だとわかれば、1か月もかからないうちに結婚というゴールに達してしまうくらい、燃えやすい性格です。

オシャレなバーでお酒も入り、優しく甘い言葉で口説かれたら、酔いにまかせてついOKしてしまうくらいムードに弱いのも、この地運6系数をもった女性の特徴です。

【SEX】自分が奉仕してあげることに、充実感を抱くタイプです。男性が感じているのをみることが、自分のよろこびでもあるのです。長時間のSEXもいとわず、忠実に求めに応じて尽くし続けます。ただ、この献身的傾向が高じてくると、アブノーマルな世界に走ることも考えられます。

地運7系数

男性　押しの一手で女性を口説くスタミナ系

【恋愛】あらゆる手をつかっても口説き落とすという、バイタリティーにあふれ、おまけにマメということから、女性には不自由しません。どちらかというと雰囲気やムードづくりよりも、とにかく押しの一手なのが地運7系数の特徴です。女性のほうも、知らないうちにどんどんと彼のペースに巻き込まれ、いつの間にか彼女になっていたというケースが多々あります。
ただ、女性の態度や仕草、言葉などを、自分勝手に解釈するひとりよがりな面もあり、「女性の気持ちをわからない人」と思われてしまうこともありがちです。

【SEX】バイタリティーあふれるスタミナの持ち主で、テクニックも豊富です。ただ、持続力の面で問題ありな部分が欠点。また、同性愛者が多くみられるのも、この地運7系数の男性の特徴です。

女性　常に本物の恋愛を求める求愛者

【恋愛】容姿、知性、感性、どれもこれも男性を夢中にさせてしまうほど、女性としての魅力を兼ね備えているのが、地運7系数です。こんな女性に出会えば、男性たちも放っておけません、複数から言い寄られることもしばしばです。「わたしはモテるのだ」「常に恋愛の勝利者でいたい」と、かなりプライドも高い女性です。

ところが、実はチヤホヤ言い寄ってくる男性には飽き飽きしていて、心の奥底では、本当に愛し合える、自分にふさわしい男性を待ち望んでいます。自分が「この人こそ」と決めた男性があらわれたときには、たとえ周囲から反対されようが、「その人と絶対に幸せになってみせる！」という意地も働いて、のめり込んでいくタイプです。こんなことから、ちょっと危険な恋愛へと走りやすいのも、この地運7系数の女性の特徴です。

【SEX】わりとフィーリングだけで、男性との関係を持ってしまいがちです。性に対する満足度が薄いために、常にフラストレーションをためてしまっているからです。地運7系数の女性が、「この人」と決めた男性と危険な恋に走ってしまう理由のひとつには、初めてエクスタシーを感じさせてもらったことで、その男性にのめり込んでしまったから、というケースが多々あります。

地運8系数

男性　この人と決めたら一心不乱にアタック！

【恋愛】とにかく、「この女性だ！」と思う相手がみつかったときには、猛然果敢にアタックします。ストレートに自分の気持ちをぶつけ、純粋でひたむきな愛情を表現します。相手の気持ちなどおかまいなしに、ひたすら突進をくり返し、結局最後にはその恋を成就させてしまうでしょう。

【SEX】性欲も人一倍で、エネルギッシュな男性です。ただ性に関しては、女性を満足させてあげるというより、自分が満足できればそれでいいという面もあります。そのせいか、テクニック不足も否めません。

女性　素直に甘えられない恋愛下手

【恋愛】魅力的な色気の持ち主で、男性たちも次から次へと言い寄ってきます。ところが、「好きです」といわれても、素直に甘えることができず、逆の態度をとってしまうような女性です。魅力的な外見から、恋の経験も豊富だろうと思われがちですが、どちらかというと「恋愛下手」というのが地運8系数の女性です。

【SEX】恋愛に鈍感なタイプの女性なので、性に対してもあまり探究心旺盛とはいえません。経験のわりには、その表現方法が単調です。男性の側が、優しく愛情を持って接してあげることで、深い愛情が得られることでしょう。

地運9系数

男性　常にクールで静かに恋愛するタイプ

【恋愛】常にクールな魅力を放つこのタイプの男性は、多くの女性を魅了します。また、少し影のあるところが女性の母性本能をくすぐります。

でも、いざ恋愛状態になっても、そのクールさは変わることはありません。激しく燃え上がるような愛というのは、このタイプには無縁です。よくいえば、「落ち着いた大人の恋」というのでしょうが、女性にとっては少し物足りなさを感じます。

【SEX】基本的にはSEXもクールです。でも、愛する人とのSEXを嫌いなわけではありません。大人のムードあふれるようなホテルや、静かな山間のペンションなど、演出によっては、彼の意外な愛情表現を経験できるかもしれません。

女性　感情的で、熱しやすくて冷めやすい

【恋愛】どこか影のあるような悲しげな男性、とくに年下の男性をみると、強い母性本能が働いて、すぐに好きになってしまいます。

瞬間すぐに惚れてしまう反面、すぐに冷めてしまうところもあります。そのせいか、恋愛の成就が少なく、悲しい破局も多々あります。感情の起伏も激しく、相手に対してつい心にもない言葉を発してしまうなどの行為も、その原因となります。

【SEX】自分から進んでSEXしたいというタイプではありません。相手が求めるなら、その状況によって応じるという女性です。だから、あまり大胆なことも好きではなく、あくまでもオーソドックスで、相手次第です。

地運0系数

男性　サービス精神旺盛な甘え上手

【恋愛】自分が愛することよりも、愛されることを強く望んでいます。年上の女性を好み、常に甘えていたいタイプの男性です。

極端な場合は、自分は働かずに、女性に食べさせてもらう、いわゆる「ヒモ」的な立場も気にせずに受け入れます。女性に対するサービス精神は人一倍旺盛で、他の男性では考えられないような気配りも忘れません。「あなたひとりぐらい、わたしが食べさせてあげる」という母性本能たっぷりの女性なら、相性も合って恋愛を続けることもできます。

しかし、五運のいずれかに0系数が存在していると、「運命逆転」の大凶パワーが、その人を支配することになります。

地運0系数も同様です。浮気、三角関係など恋愛によるトラブルに発展する危険性を秘めているということを、忘れてはなりません。

【SEX】時間をかけた濃厚なSEXで、女性を満足させてくれます。一日中、女性とベッドの中で過ごすことも平気なタイプです。ときに、アブノーマルな趣味に走ることもあります。

女性　いい人なのに、いい男性には恵まれない

【恋愛】優しさにあふれ、気配り上手で、個性的な魅力たっぷりの女性です。しかし、恋愛

となると、高すぎる理想が災いするのが、この地運0系数です。「もっとステキな男性があらわれるはず」と、男性遍歴を重ねた結果、平凡な普通の男性と結婚したり、逆にとんでもない男性と恋におちて悲しい結果に終わるなど、さまざまです。

しかも、「0」の大凶パワーを秘めているので、恋愛も、非常に極端な場合があります。たとえば、つまらない男性にお金を工面するために犯罪に走ったり、相手の男性が凶悪な犯罪を犯してしまい、自分まで巻き込まれてしまったりなどです。

【SEX】相手を大いによろこばせることはできます。けれども、自分自身が満足いくエクスタシーを得られないのが、地運0系数の女性です。常に「もっと」と新しいものを求めながら、結局は満足感を得られないという結末です。

地運系数でみる相性

◎＝最高　○＝良い　△＝普通　×＝悪い

女／男	1系数	2系数	3系数	4系数	5系数	6系数	7系数	8系数	9系数	0系数
1系数	△	◎	◎	△	○	○	×	○	△	×
2系数	◎	△	○	○	×	△	○	◎	×	△
3系数	○	○	△	×	△	○	△	×	◎	◎
4系数	△	○	×	×	○	◎	○	◎	△	△
5系数	◎	×	△	◎	△	△	×	○	○	○
6系数	○	△	◎	◎	△	×	○	×	○	△
7系数	×	○	△	○	×	◎	△	△	○	◎
8系数	○	◎	×	○	◎	×	△	△	△	○
9系数	△	×	○	△	◎	○	◎	△	×	○
0系数	×	△	○	△	○	△	◎	○	◎	×

4、外運＝天職

姓の上部の文字と名の下部の文字（つまり、内運以外の文字）を合計した数が**外運**《がいうん》です。

あなた自身も気付かなかった、一番あなたにふさわしい、あなたを導いてくれる職業は何なのかを教えてくれます。多くの職種を挙げましたが、それぞれの系数のところに書いた「キーワード」に関連のある仕事は、すべてあなたの才能をキラめかせてくれます。

外運1系数　「**中心**」「**独立**」「**活動**」「**強力**」**が成功のカギ**

歴代首相に多くみられるのが外運1系数です。頂点に立つという「1」のパワーをもって、次のような職業につけば、あなたを成功へと導くことでしょう。

政治家、公務員、学者、弁護士、税理士、医療関係、事業経営、広告関係、福祉関係、ジャーナリスト、芸術家、芸能界、プランナー、宗教家など

外運2系数　「**文化**」「**公共**」「**協同**」「**調和**」**が成功のカギ**

新聞、テレビ、ラジオ、雑誌などジャーナリズムの世界で活躍するのにピッタリなのが、外

運2系数です。マスコミ関係以外でも、次のような職業で、あなたにチャンスと成功が待っています。

秘書、経理、税理、外交官、記者、心理学者、アナウンサー、出版関係、薬剤師、化粧品関係、証券マン、タレント、マネジャー、芸術家、作詞家、水商売、貴金属関係、各種セールスなど

外運3系数　「華麗」「行動」「発展」「創造」が成功のカギ

流行の最先端でクリエイティブな職業について、成功を収めたいなら、外運3系数を。「3」のもつ暗示のパワーが、世界的な分野へと目を向けるくらいの成功を導いてくれます。

美容師、スタイリスト、俳優、歌手、モデル、コンパニオン、レーサー、ダンサー、アナウンサー、リポーター、デザイナー、飲食関係、外交官、栄養士、茶道家、設計士、シナリオライター、ライターなど

外運4系数　「組織」「成立」「厳格」「冷静」が成功のカギ

派手な世界より、日々安定した生活の中で成功を収めたいなら、外運4系数。

政治家、法律家、警察関係、教師、銀行員、編集者、記者、作家、俳優、看護師、デパート関係、ホテル関係、各種インストラクター、各種プランナーなど

外運5系数　「未来」「冒険」「多才」「復活」が成功のカギ

積極的に世界を飛びまわるような職業で成功者になりたいなら、外運5系数。

旅行関係、商社マン、銀行関係、学者、鑑定業、カメラマン、通訳、グラフィックデザイナー、インテリアコーディネーター、パイロット、フライトアテンダントなど

外運6系数　「大地」「恩恵」「平和」「成長」が成功のカギ

人と常にコミュニケーションをとることで成り立つ職業につきたいなら、外運6系数。「6」のパワーが多くの人に安心感を抱かせて、その道での成功を導きます。

不動産業、金融業、科学者、教師、医師、弁護士、福祉関係、広告業、美容師、カウンセラー、イラストレーター、花屋、養護教諭、食品関係、建設業など

外運7系数　「個性」「芸術」「独立」「変化」が成功のカギ

芸術家、芸能界など、個性や才能を活かしたいなら外運7系数です。

芸術家、科学者、占い師、神宮、電気関係、芸能界、水商売、ディレクター、コピーライター、アナウンサー、スタイリスト、ピアニスト、レジャーランド関係など

外運8系数「独立」「健康」「労働」「肉体」が成功のカギ

力強い肉体と精神で勝ち抜くようなスポーツ関連で成功を収めたいような人は、外運8系数が最適です。

政治関係、消防士、自衛官、警察官、医療関係、交通関係、建設業、銀行関係、出版関係、印刷関係、ファッション関係、スポーツ、飲食業、マネージャー業、整備関係など

外運9系数「理想」「創造」「情感」が成功のカギ

自分の理想や信念を表現し創造していく、たとえば映画界や演劇界、そういった世界で名を成すために、外運9系数のパワーは最高の効果を発揮します。

放送関係、音楽関係、医師など医療関係、大学教授、演劇関係、照明関係、作家、通訳、美術家、イラストレーター、ジャーナリスト、ファッションモデル、セールス、警官など

外運0系数「発想」「転換」「発明」「誕生」が成功のカギ

「運命逆転」の大凶数である0系数だけに、選ぶ職業で人生も大きく左右されます。その吉、凶、吉、凶を、うまく勝負という形で小出しにできるような職業が望ましいでしょう。

出版業、ギャンブル関係、スポーツ関係、作家、碁、将棋棋士、投機・相場関係、書道、生け花、料理、マンガ家など創造や勝負に関連した世界に向きます。

コラム　幸せになる改名の法則

「いい名前」は人生を変えてくれます。毎日が楽しくてワクワクします。

生まれながらにして「いい名前」を持っていれば良いのですが、こればっかりは自分では付けられないので、もしも自分の名前が悪い名前だとわかって変えたいなと思ったら、悪い運勢の渦中に引き込まれてにっちもさっちもいかなくなる前に、改名するか、「本名以外に運のいい名前をもう一つ持つ」と決めましょう。

そして、一日でも早くこれまでの人生にサヨナラして、新しい人生に出会いましょう！

改名には、大事な法則があります。

①良い画数にすること

これまでお話ししてきた通り、氏名は五運という五つの画数に関わっていますので、この五つを良い画数にするようにしてください。

とくに**総運**（すべてを足した画数）を吉数にすることが重要です。

女性の場合、

「仕事と家庭運や愛情運の両立を目指し、結婚しても仕事で才能を発揮したい」または「仕事は続けなくても、家庭運、愛情運に恵まれたい」

そんな方は、総運画数が

3・5・6・11・13・15・16・18・24・31・

35・38・41・45・47・51・53・55・56・58・61・63・65・66画

などになるようにしてください。

これに対して、

「家庭運、愛情運の波乱はあっても、とにかく仕事でトップを取りたい。頂点を目指す女性になりたい」

そんな方は、総運画数が

8・21・23・32・33・37・39・71画

などになるようにしてください。

ただしこれらの画数は家庭、愛情波乱、事件、事故に絡みやすいので注意が必要です。

男性の場合、

「仕事で天下取り、頂点を目指したい」

そんな方は、総運画数が

3・5・6・8・11・13・15・16・18・21・23・24・29・31・32・33・35・38・39・41・45・47・51・53・55・56・58・61・63・65・66・68・71画

などになるようにしてください。

ただし、29画、37画、39画は、波乱、事故、事件に絡みやすいので注意しなければなりません。

さらに名付けに際して注意していただきたいのは、総運以外の画数（内運・地運・外運）にも、できるだけ悪い画数を入れないことです。

そして、**内運**画数に末尾0・2・4系画数（2・4・10・12・14・20・22・24・30・32・34・40・42・44・50画など）を入れないことです。そうすることで吉名がさらに生かされていきます。

一方、総運だけでなく、内運、地運、外運の

どこにあっても吉作用の強い画数があります。ツキや才能や強運に縁のある画数です。それは、

3・6・13・15・16・18・31画

です。これらの画数は、男女ともに強い運気があります。

②悪い文字を使わない名前にする

新しく作る名前には、悪い暗示のある文字を使わないことが重要です。

姓（苗字、名字）と名の、名のほうは短い人で一文字。長い人でも五文字ぐらいの文字しか使いません。その中にわざわざ悪い文字が入っていたら運勢は波乱万丈になってしまいます。

文字には強い霊力があるからです。

短い名前の文字だからこそ「いい文字」を選んでください。

まとめますと、名前を変えるとき、作るときには、

「**いい画数**」

「**いい文字**」

の基本をはずさないことです。

第6章

「文字」の霊力と意味

正しい「文字の成り立ち」を知る

ここまで、名前に使われる文字の「画数」の持つ意味についてお話ししてきました。

改名や姓名判断の相談で私のもとに訪ねてくる人たちは、何らかの悩みを抱えた人がほとんどです。仕事の悩み、病気の悩み、恋愛、結婚、夫婦の悩み、いろいろな人間関係や子どもの悩みなど、さまざまな相談は近年特に増えています。

普通、姓名学では、文字の画数を基《もと》にしてその人の運勢などを判断します。

ところが、多くの人達を鑑定し文字の研究を重ねる中で、私は、ある特定の「文字」をもつ人たちに共通の悩み事が多いことがわかったのです。そのことは、何十年も前からさまざまなメディアでも公開し、私の著書の中でも書き記し警鐘を鳴らしてきました。

運勢を正しく判断するためには、文字のもとの意味（原義）を無視することはできません。

私たちが使っている名前は人生のいろいろな出来事について運命を暗示する力を持ってい

ます。凶事も吉事も、偶然によるものではなく、文字の霊力の法則のもとに起こっているのです。

名前の暗示力は、ときとして人の生死にも関わることがあります。本人が悪い名前を持っていなくても、親や配偶者など、近親者が持っている凶の暗示に引きずられることもあります。

たとえ名付けで人気がある文字であっても、例えば「**陸**」「**凌**」「**綾**」「**稜**」といった漢字は、もともと「墓」に関連した意味もあり、名前に使うことは注意しなければいけません。実際これらの文字は、車の中での子どもの熱中症死など事件や事故に遭う方に多く絡んでいます。

「**果**」は、「果物」や「果樹」などの良いイメージだけが先行していませんか？「果」は「果てる」の「果」でもあるのです。果物が熟して木から落ちるところから「果てる」となるのです。人の名前に付けた場合、病気や離婚など「果てる」ものとの縁が深くなる恐れがあるので、気を付けたい文字の一つです。

漢字本来の驚くべき意味の例

「**儀**」の字は、日本では葬儀の「儀」として知られていますが、名前に使われることもまだまだ多い文字です。「何々に従って」「のっとる」「ことがら」などの意味としてとらえられていますが、「儀」は「いけにえ」の暗示もあることを忘れてはいけません。

「**七**」は、切るという意味を持っているために自殺、殺人、事故、ストーカーなどに特に関わりを持ちやすくなります。

「**翔**」は、中国の文字の暗示の中では「大便」の意味もあります。転落、事件、病気には気を付けてください。

「**陸**」は、そのまま「墓」をあらわしています。「リク」と読む字は、すべてと言ってよいくらい墓に関わりのある暗示があるため「死」「病気」への接点に気を付けなければいけません。

パチンコの車内放置死者にも「陸」の字が多く見られます。車があっという間に墓に変わってしまうわけです。

「**河**」という文字も、そのまま水に流される暗示があります。楓河、大河、銀河など流行りの名前に多く付けられますが、「水」の事故に気を付けてください。

「**永**」という文字は永久といった「吉」を思わせる印象がありますが「別れ」を意味する漢字でもあります。2015年5月、栃木県で長男の永遠ちゃん（2歳）が父親から暴行を受けて殺害されています。

「**千**」は「やぶに包まれる」「隠される」の暗示。

2008年に死刑が執行された飯塚事件の久間三千年さんはDNA型鑑定が誤りであったのではないかと今も言われています。今の時代にこのような「冤罪」事件と疑われる死刑が現実に起こっていることの恐ろしさを感じずにはいられません。

「**道**」という文字は、事件や事故、家族トラブルの暗示が強く表れます。また「首」に関する事故が多くなります。

「万」は殺人、死亡事故との関わりがあります。

「麻衣」という名前は、「死装束」をあらわしているために名付けには注意してください。身内のトラブル、殺人、病気に特に縁があります。「麻」は吉文字ですが、「衣」と組み合わさることで一転して大凶文字と変わってしまいます。

「久」という字は木に支えられた死者の意味です。会社経営者にも注意が必要です。エアバッグのタカタは超一流企業と言われましたがリコール問題で経営が悪化し経営破綻。高田重久会長兼社長は辞任しました。会社は外資に渡り、重久社長の会見が吉凶を分けたと今でも言われています。

家具大手、大塚家具の女性社長にも「久」の文字があり、親子の間の確執などが取り沙汰され、2020年に社長を退任しました。大塚家具は別企業が吸収。

「原」は、削り取られた崖の象形であり、事故や事件に注意が必要です。

オウム真理教の麻原彰晃、孤独死と言われた女優・大原麗子さんや、覚せい剤事件の清原和博さん、槇原敬之さん、女性問題でトラブルのあった原辰徳さん。

華原朋美さん、篠原涼子さん、三原じゅん子さんなども今後注意が必要です。

なぜ文字には霊力があるのか

そもそも、私たちが名前に用いている「文字」とは、何なのでしょうか。

その源流をさかのぼっていくと、いまから3000年以上前の中国の殷《いん》の時代に行き当たります。当時の王の墓だった「殷墟《いんきょ》」から発掘された3000あまりの文字が、漢字の起源とされているのです。

殷の王は、明日の天気はどうか、災害（黄河《こうが》の氾濫《はんらん》）が起きないか、作物はよく実るか、戦争に勝てるかなど、日常万般《ばんぱん》のことを神におたずねしました。そのさい、亀の甲羅《こうら》や獣の骨（甲骨《こうこつ》）を火で炙《あぶ》り、それによって出来た割れ目の形で吉凶を占ったのです。

そして、占いの内容や結果などを、史《ふひと》と呼ばれる記録係が、甲骨の余白に刻みつけました。それが甲骨文字（象形《しょうけい》文字）と呼ばれるもので、文字の起源である漢字とは、いわば神と交信するための道具だったわけです。

約3000種類の漢字のうち、今日までに解説されているのは約1500字ですが、それらはすべて占いの言葉であるので卜辞《ぼくじ》ともいわれています。古代中国では、人は死んでも墓の中で生前と同じように生活を営むと信じられていました。王が亡くなると、死後の生活を守り支えるために、家臣や身分の低い使用人などを殉死《じゅんし》させ、これを家畜の鶏や犬などといっしょに埋葬《まいそう》したのです。

しかし、多数の人や家畜を殺すのはあまりにむごたらしく不経済であるため、のちにこれを文字（象形文字）に置き換え、亀甲や青銅器などに刻んで副葬《ふくそう》するようになりました（時代が下ると「俑《よう》」と呼ばれる焼き物の人形《ひとがた》などが副葬され、なかでも始皇帝陵で発見された兵馬俑《へいばよう》が有名です）。

つまり、文字は生き物の生き写しであり、神と交信する道具として使ったことで、そこに神の命（森羅万象《しんらばんしょう》の命＝霊力）が宿ったわけです。

名前を持った人間は、霊力の宿った文字に沿って育ち、生きていくのです。

ここから、文字というものがいかに恐ろしい意味を持ったものであるかが理解できると思います。

文字の霊力を大切にした先人たち

漢字の発祥国である中国では、聴覚に訴える話し言葉より、視覚に訴える文字を重んじる風潮があります。いまは多少事情が違ってきていますが、本来、名前を付けるときには、『康煕《こうき》字典《じてん》』や『正字通《せいじつう》』などの字書で丁寧に意味を調べ、何日も考えあぐねた末に、これだという一字を決めていました。

戦国武将の上杉謙信は、戦に臨んで「毘」の一文字を白地に黒々と染め抜いた軍旗を掲げていました。謙信は毘沙門天《びしゃもんてん》の信仰者として知られています。その毘沙門天は釈迦《しゃか》の寵愛を受け、釈迦の説法をもっとも多く聞いたことから多聞天《たもんてん》とも呼ばれ、中国では戦いの神とされています。

その流れを汲んで日本でも軍神として祀《まつ》られるようになったわけですが、謙信が、武田信玄との五度にわたる川中島の合戦の末、領地である信濃を堅守できたのも、「毘」という文字の霊力（毘沙門天のご加護）があったればこそでしょう。

しかし、いっぽうでは、文字の凶作用が利用されることもありました。実際に、古代中国において、文字で相手を呪い殺す儀式が、兵法として盛んに行われていたといいます。

知っておきたい漢字の歴史

象形文字から発達した漢字

漢字のルーツが甲骨文字にあることはすでに述べましたが、殷《いん》や周《しゅう》の時代には青銅器文化が発達し、これに刻まれた文字は金石文《きんせきぶん》（金文《きんぶん》）と呼ばれています。

その後、木簡《もっかん》や竹簡《ちくかん》などに記された文字は、字体も古文や大篆《だいてん》（籀文《ちゅうぶん》）のような形に変わり、やがて、秦《しん》の始皇帝が天下統一すると、政策を徹底させるために字体の統一が図られます。このとき、名宰相とうたわれた李斯《りし》が考案したのが、小篆《しょうてん》（篆書《てんしょ》）と呼ばれる字体です。

漢の時代になると、記録を効率的に行う必要性から、簡略体である隷書《れいしょ》が生まれました。蔡《さい》倫《りん》らによって紙などにも改良が加えられ、スラスラと書ける草書や、現在の通用字体である楷《かい》書《しょ》や行書《ぎょうしょ》が生まれます。

後漢時代、西暦でいえば100年になりますが、許慎《きょしん》という人が、9353字の漢字の意味と起源を研究し、中国最古の字書といわれる『説文解字《せつもんかいじ》』を著しました。

いまでは大学の先生や研究者でなければ、これを紐解《ひもと》くことはないと思いますが、私は仕事柄、この書物によく目を通します。名前を考えるときには、漢字研究の原点に立ち返る必要があるからです。

漢字と仮名、国字

日本にいつ漢字が伝来したのか定かでありません。一般には4世紀頃といわれていますが、紀元前3世紀頃とみる説もあります。

漢字を使った日本での最初の歴史書が、奈良時代初期（712年）に編纂《へんさん》された『古事記《こじき》』です。このころは、中国から伝わった漢字の音《おん》を基にした万葉仮名《まんようがな》が使われていました。

平安時代になると、漢文を訓読するために片仮名が発明されます。片仮名は、「宇」→「ウ」、「江」→「エ」のように、ほとんどが万葉仮名の一部をとってつくられています。

いっぽう、「安」→「あ」、「以」→「い」のように、万葉仮名を極端に崩して生まれたのが平仮名です。平仮名は、主に貴族に仕える女性たちが用いたので、「女手《おんなで》」と呼ばれています。日本の最初の日記である『土佐日記』は、紀貫之《きのつらゆき》が女性を装って平仮名で書いたものです。

また、現在、日本人が使っている漢字の中には、本場の中国ではなく日本でつくられた「**国字**《こくじ》」と呼ばれるものがあります。いうなれば和製漢字です。

草彅剛さんで有名になった草彅《くさなぎ》姓の彅（14画）は国字です。他にも鰯《いわし》、峠《とうげ》など数多くあります。

国字は、ほとんどの文字に訓読みがあって音読みがありません。また象形文字ではないために、画数はあっても文字そのものの霊力は弱いのが特徴です。

あまり知られていない、この漢字の本当の意味

ここからは、名前に多く使われているいろいろな漢字の本当の意味を追究していきます。

私が漢字そのものに強い興味を持ったきっかけは、私の父が戦争でパプアニューギニアで見た「実体験」を子どもの頃に聞いてからです。

父は、「撃たれて亡くなったり、病気や沼でワニなどに襲われて亡くなる人達に共通した文字が多い」と話してくれました。

そのことがずっと頭の片隅にあり、40年以上前、占いの研究を始めると同時に漢字そのものの研究と解明が始まりました。

「佑」　周囲の支援・協力を得て大きな成功をつかむ吉文字

「佑」の字は、ニンベンに「右」と書き、右は聖なる神の手をあらわします。このことから、

「佑」には、「（神が）たすける」という意味があります。

　この文字を名前に持つことで、周囲からの協力や援助を受けやすくなるだけでなく、自身もまた人を助けて教え導く立場になる可能性があります。女性の場合、結婚すると良妻になる暗示を持っています。

「たすける」の要素をもつ文字はいくつかありますが、その中でも「佑」は、示偏《しめすへん》の「祐（旧字体は）」と並んで、人とツキに恵まれやすい最高の文字であると言えます。

　しかし、すべてにおいて良いわけではありません。ときとして周りの援助に依存しすぎ、そのため自分の力を出し切れず、衰運に向かうこともあります。よい状況に恵まれても慢心せず、常に周りに感謝し、努力を怠らないことが大切です。そうすれば、いまある力をさらに伸ばしていくことができるでしょう。

「友」　人間関係が広がり、金銭面でも恵まれる

「友」は、右手を伸ばして物を取ろうとする姿をあらわす「又」の組み合わせから出来た文字です。ここから、手を取り合って助け合うという意味が生まれ、のちに「友人や仲間」「むれる」などの意味に用いられるようになりました。

「友」の字は、親しく交わって助け合うという、よい人間関係を暗示する文字ですから、これを名前に持つことで、広い人脈を形成し、絆を強め、同時に金銭的にも恵まれる傾向があり

ます。ただ、気の合う仲間だけで群れる側面もありますから、世間が狭くならないよう注意しないといけません。

「太」　才能が身を助け、大きく伸びるが事故や病気には要注意

この文字は、「大」の字に、重複の記号である「＝」（のちに「、」）を付け、「大きいうえにさらに大きい」という意味になったといわれています。

こうした意味も含め、「太」には、「おおもと」「ふとい」「ずぶとい」「ゆたか」「はじめ」「太陽」などの意味があります。この文字を名前に持つことで、「芸は身を助ける」というように、持ち前の才能が身を助け、大きく伸びる可能性があります。概して吉暗示の強い文字といえますが、ときに「ふとる、ふとくなる」の要素が凶に転じる場合があるので、事故や病気などには要注意です。

「文」　表現する分野で才能を発揮。ただし、異性関係でハメを外さないこと

「文」の字は、胸元で合わせた衣服の襟の形、あるいは胸に入れ墨をした姿をあらわしたものので、ここから、「あや」「もよう」「かざり」「きれいにかざる」「たくみ」「あざやか」「うつくしい」「ふみ（文字、手紙）」などの意味が生まれています。

この文字を名前に持つことで、ものを書（描）いたり、著《あらわ》したりする才能に恵まれ、自分の考えや感情を言葉や文字・絵画などで表現する分野での活躍が期待できます。この文字は決して悪い文字ではありませんが、表面を飾り立てるという要素が「色情」の方向に強くあらわれ、それが欠点になってしまう場合もあります。

「気」 食べることに困らない暗示があるも、のどの病気に要注意

「気」の字には、「活力」「人の生命の力」「精神」「気力」「生まれもったもの」などの意味があります。この文字を名前に持つ人は、活気や勢いがあり、独特の気質で勢力的に行動する傾向が見られます。また、食べ物に困らないという暗示もあります。

ただし、のどの病気には注意が必要です。

「史」 先見性をもって仕事を成し遂げる。ただし、破天荒な行動は禁物

「史」は、又（右手を象徴）と中（たくさんの数をかぞえるときに使う棒を象徴）の組み合わせによる文字で、元は天体の運行を計算して暦をつくる人をあらわしたとも、神に祈りを捧げる祭祀の様子をあらわしたともいわれています。

これがのちに、祭祀の記録をする人、さらに記録そのものを指すようになり、「ふみ」「歴史（書）」「記録」「書きもの」「記録をつかさどる役人」「文章家」「読む」「高く掲げる」「仕事をする」「学問がある」などの意味に用いられています。

「史」の字には、進んで何かを行い、成し遂げるという暗示があります。吉作用の非常に強い文字と言えますが、成功に酔いしれて身を持ち崩すケースもありますから、バランス感覚を失わないことが何より大切です。

「大」外で伸び伸びと活動すると吉、引きこもると凶

「大」の字は、手足を広げて立っている人の姿をあらわしています。意味するところは、「おおきい」「さかん」「すぐれている」。肉体の健康に恵まれやすい吉作用の強い文字で、体のバランスを取って大きく伸びていく可能性を秘め、また、太くなる、粗いという暗示をもっています。

この文字を名前に持つことで、勢いや力を生じやすくなります。スポーツ選手のように、体を使う職業などにはうってつけですが、逆に体を使うことが少ない場合は、ストレスなどで鬱《うっ》屈《くつ》し、吉文字である「大」の作用を凶的な方向に発散してしまう危険性があります。

「大」の字をもつ子どもを持つ親は、子育ての仕方を間違えないよう注意しなくてはなりません。塾に行って勉強ばかり、部屋にこもってゲームばかり。これが最も良くないパターンです。

「貴」「価値あるもの」を暗示し人間関係を重視する世界で成功

「貴」は、「臼《きゅう》」（両手を合わせた形を象徴）と「貝」から成り、文字全体では、貝を両手で捧げもつ様子をあらわしています。古代中国において、貝は貨幣として使われた貴重なものだったので、「貴」の字には、「大切にする」「とうとい」「すぐれた」「価値あるもの」「大きくずっしりとしている」などの意味があります。

この文字は、歴史的要素を持つもの、安定感や目立つ要素のある事柄に対して強い吉作用を示します。また、人間関係を重視する世界や、お金を扱う暗示のある世界で成功する可能性があります。ただし、反作用として、金銭トラブルに巻き込まれる危険もあるので注意が必要です。

「資」恵まれた才能を活かすことができ、地位・金銭に吉の暗示

「資」の字は、「次」（そろえる、つらねるの意）と「貝」（貨幣を象徴）から成り、財を蓄えている様子を示しています。ここから、「もと」「うまれつき」「たから」「もとで」「とる」「たすける」などの意味が生まれています。

この文字を名前に持つと、恵まれた資質を活かし、才能を大きく伸ばす吉作用がはたらきます。また、身分や地位に縁があり、金銭的な要素が拡大する暗示もあります。概して吉暗示の強い文字ですが、出世・栄達や金銭にはつねにトラブルがついてまわるものです。吉から凶に転じないよう、気を付けなくてはいけません。

「元」　先頭に立ち、新しい分野に関わって成長・発展する暗示あり

「元」の字は、もともと人間の首（頭）の形をあらわしたものです。首（頭）の部分を大きく強調した「二」の下に、人を横から見た形の「儿」を加えたのです。首は人間の体の最上部にあって、最も大切な部分であるため、ここから、「あたま（かしら）」「はじめ」「最初の」「おおもと」「根本」などの意味が生じ、さらに「よい」「おおきい」などの意味にも用いられています。

「元」は生きた人の首であり、こちらは力強さを象徴する吉暗示の非常に強い文字と言えます。ですから、この文字を名前に持つ人は、先頭に立って何かを行ったり、新しいものや分野に取り組んだりすると、大きく成長・発展する傾向が見られます。ただし、持ち前の個性が強く出すぎると波乱含みの人生になりかねません。

「紀」　物事を丁寧に進めて成功する。心にゆとりを持つと吉

「紀」は、「己」（糸巻き）に糸を巻きとる様子をあらわした文字で、「いとぐち」「はじめ」「もと」「きまり」「おきて」「すじみち」「手順」「しるす」といった意味があります。

この文字を名前に持つと、細かい気配りや気遣いができる人になり、また、物事を順序立てて丁寧に進めて成功する傾向が見られます。しかし、几帳面で神経過敏になりやすい傾向があるため、心にゆとりを持ち、おおざっぱな部分も兼ね備えることが必要です。「紀」は、吉暗示の強い文字ですが、他の文字との組み合わせにより、家庭運に波乱が生じる場合もあります。

「映」　芸術的分野で花開くが吉凶の入れかわりには注意

「映」という字は、「日」と「央」から成り立っています。「央」は光が浮き出る様子をあらわしており、ここから、「映」には、「美しく光り輝く」「太陽がそそぐ」「さかんな」「うつる」「うつす」「はえる」などの意味があります。

この文字を名前に持つことで、物事をはっきりさせてけじめをつける性格を帯びやすく、仕事の面では、物の像を映す（写す）、色調を浮かび上がらせる要素から、芸術的分野で才能を開花させる傾向が見られます。

概して吉暗示の強い文字ですが、光は反射し、日は照り返すという反作用があることから、吉凶の入れ換わりに注意する必要があるでしょう。

「恵」　愛情面で強い吉作用があり、女性は専業主婦なら家庭円満

「恵」の旧字体は「惠」と書き、「心」の上にある「叀」の字は、物を贈る意味をあらわしています。ここから、「めぐむ」「めぐみ」「あたえる」などの意味が生じ、ほかに、「つつしむ」

「気を配る」「いつくしむ」「かしこい」などの意味にも用いられています。

「恵」は、「佑」と同じように、神の助けがあることを象徴する吉作用の強い文字です。これを名前に持つことで、豊かな愛情が育まれ、周りからも愛されるような人になります。ただ、愛情の兼ね合いが難しい文字であるため、反作用として「いましめる」「つつしむ」という要素が強くあらわれる場合もあります。

また、この文字を使った名前は、恵美子や美智恵のように、三文字の構成になる場合も多く、組み合わせのいかんによっては「恵」の良い面があらわれにくくなることがあります。つまり、他の文字が凶作用の強い文字だと、せっかくの吉の要素が減殺《げんさい》されてしまうのです。

「真」　生き倒れた死者をあらわし首から上のトラブルに注意

「真」はひっくり返った人、あるいは、死んで首を逆さにかけられたさまを意味する、非常に凶暗示の強い文字です。この名前をもつ人の多くが、神経を含めた、首から上の障害に悩まされます。精神的に不安定になる傾向が強く、家族をはじめ周囲を巻き込んで不幸を増幅します。「慎」や「鎮」などの真をふくむ文字も同様です。

しかし、この文字を名前にもつ人がすべて不運な境遇にさらされるわけではありません。凶作用を避け、吉作用を強めるには、「まっすぐ」や「まこと」など、「真」のもつよい面をできるだけ意識して行動することが重要です。

2019年多数の死者を出した京都アニメーション放火殺人事件の犯人の名前に「真」の文字があります。

「亜」　貴族の墓を象徴し、家庭運や健康運に恵まれない

女性の名前に多く見られる「亜」も非常に凶作用の強い文字です。この文字は中国古代の貴族の墓（正方形の墓室の四隅をくりぬいた形）をあらわしています。これも死に関わる文字ですから、家庭運や健康運に恵まれない運勢になりがちです。

「亜」の字を、「人の背中が曲がっている形」と見る説もあります。

「地下にもぐる」「劣る」「つぎの」「二番目」などの意味をもち、「悪（惡）」の同義語ともされています。

悪い要素ばかり目立ちますが、よい方向に活かせないわけではありません。「地下にもぐる」という意味は、芸術、建築、設計といった分野への適正を暗示しています。また、「つぎの」意は、誰かをサポートする仕事、たとえば医療や福祉などの分野に進むと、才能が開花する可能性を示唆しています。

「久」　木に支えられた死者を意味し、幸せが長続きしない

永久、恒久《こうきゅう》、悠久《ゆうきゅう》といった言葉があるように、「久」という字には、「いつまでも変わらない」という意味があります。この文字が象徴しているのは、人の死体を後ろから木で支えている形です。

「久」の字も、やはり死体と関連する文字だったのです。古代中国人は、死体から死後の世界を連想し、そこから「いつまでも変わらない」という永久や恒久の意味を導き出したわけです。「久」が死体に関連した文字であることは「柩《ひつぎ》」の字を見てもうなずけるでしょう。

「久」を要素とする文字に、「疚（やむ＝やまい）」や「灸（せめる）」などがあります。これは「久」に病気や障害の暗示があることを示しています。また、死体を後ろから木で支えるところから、「とまる」「とどめる」といった意味もあります。結婚しても破局に陥りやすいのは、この凶暗示が現実生活の中で表面化するためでしょう。

「信」　来世での幸福を願う法名に使われる文字

「信」の字は、「人」と「言」から成り、刑罰で使う入れ墨の針を置いて、人が神に誓いを立てる様子をあらわしています。その神への誓い（約束）を守るところから「まこと」などの意味が生まれたのです。

信愛や信義・信用などの言葉があるように、「信」はよい文字と考えられていますが、じつはそうではありません。法名《ほうみょう》といって、本来、仏教徒に授けられる名前の文字、とくに亡くなった人に付けられる戒名《かいみょう》によく使われる文字なのです。「信」は来世で花を咲かせようという願いを象徴する文字ですから、現世を生きる私たちには、むしろマイナスに作用することが多いのです。つまり、さまざまなトラブルを引き起こす凶文字であるということです。

「勝」　男性は前半が運気上昇、後半は勢いが続かず失速。女性には凶文字

「勝」の字は、第二次世界大戦の戦時下で男子名にもっとも多く使われた文字です。もともと力を入れて物を持ち上げる様子をあらわした文字で、「相手に勝つ」「上に立つ」「もちこたえる」「まさる」「すぐれる」などの意味があります。これらの意味の根底にあるのは、重きにたえて他よりも抜きんでる、力を出し切るといった暗示です。

この文字をもつと、若いときは吉暗示を受けて運気が上昇するものの、後半は失速して運気が下降するケースが多く見られます。

男性にとっては、前半が吉で後半が凶。前半生と後半生に歴然とした差があらわれやすい文字です。若くして成功をつかんでも、人生の後半に目配りをした生き方を意識する必要があるでしょう。また女性にとっては、概《がい》して凶暗示の強い文字と言えます。

「津」　血がしたたるさまをあらわし、事件、事故、ケガに要注意

「津」の字は、一般的には、「船着場」「岸」「みなと」「がけ」などの意味で知られています。これは、この文字を船が川を渡って進む様子と見る説からきています。また、船着場には人や

積荷がたくさん集まることから、「あつまる」「うるおう」の意味もあります。

いっぽう、「津」には、「唾」「涙」「汗などがしみ出る」「にじむ」「したたる」という意外な意味もあります。こちらはその由来が、皮膚に針を刺し、血が出ている様子とする説からきています。

「津」に後者のような意味があることから、事件・事故に注意しなくてはなりません。「涙」は、悲しみの象徴であり、肉親との縁が薄くなりやすいことを暗示しています。また、「(血が)にじむ、したたる」の要素から、ケガにはとくに注意を要します。

「春」 活気にあふれ、上昇運は強いが、色情に溺れやすいのが難

「春」の字は、冬のあいだ、閉じ込められていた草の芽がようやく土の中から出始める様子をあらわしています。それが、「さかんな」「芽吹く」「外に出る」「欲情」「若さ」などの意味をもつようになり、季節の春そのものを指すようになったのです。

この文字を名前にもつと、意欲的で活気にあふれ、上昇運が強くなる吉暗示を受けます。半面、強情で、色恋に溺れやすく、ムリをして病気を長引かせるという凶暗示もあります。

「春」の字を男の子の名前に使うのは、若々しくエネルギッシュな青春のイメージをするからでしょう。女の子の場合は、春うららのほんわかとした雰囲気、あるいはその陽気の中で咲く桜のイメージがあるのかもしれません。

しかし、春は「性行為」そのものをあらわす文字でもあります。売春、春画、回春という言葉もあるように、「春」は、よくも悪くも人の情動を〝さかん〟にしてしまうのです。

「涼」　多方面の才能に恵まれるも、多くの障害が立ちはだかる

「涼」の字は、もともと澄みきった水をあらわし、ここから、「すずしい」「(清く)すがすがしい」といった意味が生まれています。この文字は、こうしたプラスイメージが好まれ、名前によく使われますが、もちろん、意味はこれのみではありません。荒涼という言葉があるように、「さびしい」「すさまじい」、さらには「うすい」「体が冷たい」という凶暗示もあわせ持っているのです。

この文字を名前に持つことで、①冷静な判断力をもつ、②多角的な才能に恵まれるという吉暗示を受けやすくなりますが、いっぽうで障害を抱えることも多くなりがちです。家庭運が弱く、事故や病気にも気を付けなくてはなりません。

「愛」　立ち去ろうとする人の姿をあらわし、家族や異性との縁が薄くなる

「愛」の元の字は、今とは少し違い、立ち去ろうとして、後に心を引かれる姿であり、よくいわれる「後ろ髪を引かれる思い」(悲しみの心情)をあらわしているのです。

「愛」の字は、「愛情豊かな子になるように」「みんなから愛されるように」との願いを込めて名前に使われることが多いのですが、現実にはなかなかそうはなりません。むしろ、家族や異性との縁が薄くなりがちで、とくに「愛」一文字の名前だと、愛情面で乱れる運勢を背負いやすくなります。乱れるというのは、純粋ではない複数のドロドロした愛情関係をもつということです。

「次」 愛する人と離ればなれになる暗示。嫉妬心が不幸を呼ぶ

「次」という文字には、「やすむ」「つぎの」「つづく」「やどる」「なげき」などの意味があるわけですが、では、姓名学的にもう少しわかりやすく解釈するとどうなるのか。ひと言で言えば、何かを待っているのに、なかなか順番が巡ってこず、待ちくたびれている様子ということになります。待っているものが何であるかは人それぞれです。望んでいる地位や仕事かもしれません。愛する理想の人かもしれません。しかし、待ちくたびれているということは、そうしたものが自分から離れている、もしくは離れていくことを暗示しています。同時にそれは、すでに望みを手に入れている人への嫉妬心を駆り立てます。

ですから、「次」の字を名前にもつ人が、羨望の気持ちが出るような場所や環境に身を置くと、不幸に巻きこまれるおそれがあります。

また、この字が持つ「やどる」の意味には、病魔が体内に宿る暗示もありますから、病気にも注意しなくてはなりません。

「優」　喪に服して心が沈んだ人をあらわし、優美を備える反面、悲しみの暗示も

「優」の字には、一般に知られている「やさしい」「すぐれる」「まさる」などのほかに、「うつくしい」「しなやか」「ゆるやか」「ゆたか」などの意味があります。このことから、この文字を名前にもつと、優美でしとやかな人になる傾向があります。

また、役者のことを俳優といいますが、これは、「俳」と「優」のどちらにも「たわむれ演じる」という意味があるためです。したがって、何かを演じる分野に進むと成功する可能性が高まります。

ただし、手放しで喜んでよいというわけではありません。というのも、本来、「優」は、喪《も》に服して心が沈んだ人の姿をあらわした文字だからです。

ニンベンをとると、「うれい」と読むことからもわかるように、いうなれば、悲しみを象徴した文字であり、家庭運や健康運に影がさす場合があることを暗示しています。

「陽」　浮き沈みの激しい波乱の人生。家庭運に恵まれない人が多い

「太陽のように、明るく陽気な子になってほしい」という親の心情はよく理解できますが、実は注意を要する文字です。

要するに、易学でいうところの陰と陽の関係です。数ある文字の中には、ウラの意味（反作用）を持つものがたくさんあります。「陽」には、「うわべ」の意味もありますが、うわべだけ

見て「これでいいのだ」と安心するのではなく、ウラの意味にもよく注意を払う必要があるということです。

また、陽には「男性器」の意味があります。

私はこれまで何人もの「陽子」さんを見てきましたが、結婚して幸せだったという人にお目にかかったことがありません。男性的な要素が強く入り込んでしまうのだと考えます。

「秀」人より抜きんでる可能性大。しかし、健康と人間関係に落とし穴が

秀才や優秀などの言葉があるように、「秀」には、「目立ってすぐれる」「ひいでる」「みのる」「高く芽が出る」「背中が丸くなる」といった意味があります。これらの意味は、稲が長く伸び、穂の部分が垂れて花が咲いている形から生じたものです。

この文字を名前に持つ人は、才能豊かで人より抜きんでる可能性が強いと言えますが、ただし、気を付けなければならないこともあります。

①背中や足を中心とした病にかかりやすい
②頭髪が薄くなりやすい
③ずば抜けた才能ゆえに、周囲との摩擦が生じやすい（協調性が必要）

②については不可解に思うかもしれませんが、これは「禿」の字を思い浮かべると納得していただけるでしょう。「禿」は、稲の実が落ちたあとの形をあらわしており、「秀」と同系列の

文字とされているのです。

「光」「切る」「燃え尽きる」の暗示あり　家庭・愛情運が弱く、健康にも難あり

「光」という字は、人が頭の上に火を載せている様子をあらわしています。「頭の上に火」といっても、ろうそくを立てているわけではありません。豚や犬などの動物の頭を燃やしているのです。その油がにじみ出てギラギラと黄色く光る…。ここから、この文字には、切る（＝刃物）という暗示があります。

「光」には、ひかり、あかるい、かがやくという意味があります。栄光という輝かしい吉暗示も確かにあります。しかし、元の字が「火」から成り立っているだけに、「燃え尽きる」「一瞬にしてすべてを使い果たす」という要素を含み、財（お金や人）に見放されやすい暗示があることを忘れてはなりません。

「切る」「燃え尽きる」などの要素から、総じて「光」は、家庭運や愛情運が弱く、体に障害が起きやすい文字といえます。何事にも光と影があります。たとえ光り輝くような絶頂のときにあっても、常に影に意識して慎重に行動することが大切です。

「幸」刑具の〝手かせ〟をあらわし、対人関係に問題が生じやすい

「幸」は、逆説的な意味を内在させている文字で、両手にはめた手かせ（刑具）の形に由来

しています。手かせは重い刑罰にかかることを意味し、その刑罰から〝運よく免れた〟ことから「さいわい、しあわせ」を意味するようになったのです。

そのため、「幸」の字を持つ人は、文字のもつイメージのような人生には、なかなかなりにくいという実態があります。

「幸」には、文字どおり「しあわせ」の吉暗示がありますが、いっぽうで、海の幸・山の幸といわれるように「獲物」（凶暗示）といった要素もあります。

この文字の霊力は、家族縁が薄くなる、愛情が歪んだ形であらわれるなど、対人関係運の注意文字であることも意識にとどめておく必要があるでしょう。

「祥」 占いに使われた羊を象徴し吉凶の入れかわりが激しい

「祥」の字は、「義」や「美」と同じように、「羊」を要素に持つ文字です。古代中国において、羊はいけにえとして神に捧げられただけでなく、羊神判といって、吉凶を判断する占いにも用いられていました。

その羊神判の様子をあらわしたのが「祥」の字で、占いで良い結果が出るように願ったことから「さいわい、めでたい」の意味が生じ、のちに「きざし」の意味をもつようになったといわれています。「きざし」には、当然ながら、良いものと悪いものがあります。赤ちゃんの誕生や病気回復のきざしなら吉兆ですが、胸が締めつけられるように痛むとなると、深刻な病気の前ぶれ（凶兆）かもしれません。

そのように、「祥」の字は、表面的にはめでたい文字に見えますが、もともと、いけにえ（羊）の要素を持っているだけに吉凶の入れかわりが激しく、名前にある他の文字がよほどの吉文字でないと、凶作用があらわれやすくなります。

「清」　「清い」の吉作用と、「冷たい」の凶作用が交互にはたらく

「清」の字は、もともと「澄んだ冷たい水」をかたどったもので、これを突き詰めていくと「体を冷やして冷たくする」というところに結びついてきます。つまり、病気や事件（死）の凶暗示を持っているわけです。

この「清」もまた、吉凶作用の入れかわりが激しい文字のひとつです。これを名前に持つ人は、妥協しにくい要素を吉方向へと向かわせることが何より重要です。清濁併《せいだくあわ》せのむ中で、自分が本来持っている「きよさ」や「いさぎよさ」といった側面をうまく活かしていくことが大切でしょう。

「法」　獣を閉じ込めた様子をあらわし、自由を求めすぎると凶作用がはたらく

「法」の字には、「決まったやり方」「おきて」「したがう」「手だて」といったほかに、「囲む」の意味があります。それは、元の字が獣を押し込めて外に出られなくした様子をあらわし

ているからです。
このため、「法」の字を名前に持つと、何かに縛られたような窮屈感を覚える生活を強いられることが多くなります。規則正しいものを求めることで吉作用を生みますが、自由な方向性を求めすぎると、家族縁が薄くなる、事故を招きやすくなるなど、凶作用が強くあらわれる心配があります。

「義」 美を追求する分野で成功するが病気や事故などの障害暗示も

「義」の字は、「羊」と「我」の組み合わせで出来ています。我（＝のこぎり）で羊の肉を割《さ》き、「いけにえ」として神に供える。その様子をあらわしたのが「義」という文字なのです。いけにえにする羊は完全無欠のものだったので、ここから「ただしい」「よい」という意味が生じたとされています。一方、神前で行う「舞」と解釈する説もあり、それが礼にかなった美しいものであることから、「義」には「うつくしい」という意味もあります。

「晋」 めざましく成長するも、不慮の災いで一気に転落

「晋」の元の字は、太陽（日）と矢を組み合わせた象形文字です。
この文字を名前にもつことで、吉作用の要素である「急成長（上昇）」や「急進」に結びつきやすく、また、時代に乗り、流行や人気に敏感で、急激に人が集まってきます。矢は勢いをあらわし、勢力をも意味しているのです。

しかし、「晋」の字には、「不慮の災い」という隠された凶暗示があり、この字の中に見られる矢は、自分が放つのではなく、自分に向かってくる矢であることを意識する必要があります。

「勤」補佐役的な立場で、息の長い仕事が吉事故・金銭トラブルに遭いやすい

「勤」の字は、一般に、つとめる、はたらく、精を出す、力を出す、仏に仕えるなどの意味がよく知られています。「真面目に一生懸命働く人間になってほしい」。どの親もそう願って子どもに「勤」の字を授けることが多いようです。

ところが、この文字には、「苦しむ」「わずか」「疲れる」といった意味もあります。それは「勤」の字源が、焼かれたように熱い動物の頭をあらわしているからです。

事故や金銭トラブルに巻きこまれやすく、とくに火そのものへの注意が必要となります。

もちろん、吉の要素がないわけでなく、上に立つ人を下から支えるような役割の仕事、あるいは神仏に関係する仕事などで力量を発揮できる可能性があります。

「万」豊かな才能に恵まれ、計画性をもつと運気上昇。いさかいや病気の暗示も

「万」は、旧字体で「萬」と書きますが、これははさみをもった猛毒のさそりの象形文字がもとになっています。また、その略字として使われている「万」は、浮き草をかたどったもの

です。

「萬」および「万」の文字には、数詞の「万」のほかに、「あたま」「すべて」「ひじょうに」「かりにも」「決して」などの意味があります。

この文字を名前に持つ人は、豊かな才能に恵まれるため、計画性をもって取り組むと運気が上昇します。その一方で、病気にはとくに気を付けなくてはいけません。

また、猛毒のさそりの暗示から、いさかいやトラブル、健康面、色情には要注意の文字なのです。

「九」「才が集まる」の吉暗示と「すべてが尽きる」の凶暗示をあわせもつ

「九」の字は、易《えき》でいう陽の数にあたり、中国では神聖な数とされています。陰陽の哲学では、一・三・五・七・九の奇数が陽の数、二・四・六・八の偶数が陰の数とされていますが、九は陽の数の中で最大の数であることから、「集める」「数が多い」という意味をもちます。

一方、一番最後に位置する数でもあるため、「つまる」「つかえる」「とまる」の意味もあります。日本でいう「ここのつ」は、指折り数えていって「数が尽きるところ」という意味です。

また、「九」の元の字は、腕（手やひじ）を曲げている形を示しており、このことから、「まがる」の意味にも用いられています。

「九」は、あらゆるものの要素が集まる吉暗示と、すべてが尽きる凶暗示をあわせ持った、ひじょうに活かし方の難しい文字と言えます。

「民」　多くの人から支持を受けるも、支配され、障害に見舞われる暗示も

「民と官」などという表現があるように、「民」は官位をもたない一般の人を意味する言葉です。

その一方で「主権在民」の言葉のとおり、民主主義の国において、「国民」は国のあり方を決められる存在です。そんな現代に生きる私たちの中に、「民」の字に、とくに悪い印象をもっている人はいないと思います。

しかし、昔は「無知の人々」を指す言葉でした。そもそもこの「民」の字源には、つぎのような二つの説があります。

①支配され、目を刺され、目を見えなくさせられている人の姿
②草木の目が出ているさま

①から察せられるように、この文字は、何かに支配されたり、障害や事故に見舞われたりする暗示が強いので注意しなくてはなりません。とはいえ、②のような希望的要素もあるため、この文字を名前に持つことで、多くの人たちから支持を受ける傾向が見られます。したがって、大衆に根ざした文化などを目指していくと、吉作用がもたらされます。

つい先日、「民」の文字の付いた日本の飲食チェーンが中国から完全撤退のニュースが報じ

られました。先を見通すことの難しい文字なのです。

「数」　人を責め続ける暗示があり、計算高くなりやすい

「数」の字は、一般に数字の「かず」や「かぞえる」という意味に使われています。ところが、この文字には「わずらわしい」「こせこせした」「はかりごと」「せわしい」といった意味もあります。「数」の字は、もともと髪を崩し乱す状態をあらわし、すなわちそれは人を責めているときの様子だといわれています。このような起源や意味を持つため、この文字には、①人を責め続ける、②計算高くなりやすい、といった暗示があります。

「遼」　焦って結論を求めると、それまでの実績を失う

「遼」の字は、延々と道がつらなり、つづいているさまを象徴している文字で、①はるか遠い、②距離や時間のへだたり、③遠くまで歩く、④道がぐるぐると巡ってくるさま、をあらわしています。

この文字を名前に持つ人は、この四つの要素のいずれかに関連する職業などに就くと、とくに運気が強まります。また、はるか遠くという点から、歴史をさかのぼったり、未来へと続く要素を取り入れたりすることで才能が開花しやすいと言えます。

「一」　吉と出るか凶と出るか、運勢は良くも悪くも極端になる

「一」の字は、一本の算木《さんぎ》（占いに使う棒）を横に置いた形をあらわし、陰陽の始まりとも、数の始まりともいわれます。「はじめ」「ひとつ」「すべて（ひとつにまとめる）」などの意味があり、漢字の多くがこの「一」を基にして構成されています。

「始め良ければ終わりよし」「終わり良ければすべてよし」ということわざがありますが、「一」は、「はじめ」のみで「終わり」がなく、「すべて」といいながら、「ひとつもない、ひとつしかない」という言い方もよくされます。いわば一方にかたよった不完全さを象徴する文字と言えるのです。吉凶両方の暗示を持っていますが、人によってどちらが表面にあらわれるかわかりません。いったんあらわれるとその作用は激しく、ひと言で表現すると、「とらえどころがない文字」と言うことができます。

一般的に「一」を名前にもつ人は、結婚後、伴侶に愛情を注ぐあまり、親を見捨てがちになる傾向があります。両方を大事にすることがなかなかできないのです。「一」の「偏る」という暗示をよく認識し、バランス感覚を人一倍磨くことが必要でしょう。

一度歯車が狂いだすと、悪い状況にどんどんはまり込むのが、「一」のもつ危うさです。ことあるごとに発揮される極端さをどう抑制するか。これが、「一」を名前にもつ人の最重要課題と言えるでしょう。

「研」　切磋琢磨《せっさたくま》して学問や技芸に秀でるが、対人関係でトラブルの危険も

「研」の字は、「石」と「幵」（銀や象牙などを磨き上げてつくられたかんざし）から成り、ものをけずりみがく石をあらわしています。ここから、「みがく」「とぐ」「けずる」「きわめる」などの意味があります。

この文字を名前に持つと、切磋琢磨して成長する暗示を受け、学問・研究や技芸などの分野で才覚を発揮する傾向があります。「研」の字は、本来は吉暗示の強い文字ですが、自分や相手を削る暗示も強く、対人関係面でのトラブルに注意しなければなりません。

「仙」　人間離れした偉業の暗示があるも、肉親との縁には恵まれない

「仙」の字には、「不死の人」「天才」「長生き」「世俗を離れた人」「死者（ミイラ）」という意味があります。

この文字には、人間離れしたことを成し遂げるという吉暗示があり、天才的な才能をうまく活かせるかどうかがカギを握っています。いっぽう、死者（ミイラ）の要素から、肉親縁に凶作用がもたらされる危険もあります。事故には要注意です。

「充」　力がみなぎる肥満体をあらわすが、金銭欲と食欲の過剰に注意…

「充」の字には、「肥える」「成長する」「みたす」「いっぱいにする」「あてがう」といった意

味があり、腹部が肥満した人の姿を象徴した文字ともいわれています。

肉体的成長や才能を磨く面で吉暗示をもった文字ですが、反面、金銭や食べ物に対する過剰な欲求から、貪欲になったり、肥満になる傾向があるので、自制心を持つことが重要となります。

「き」「キ」　あと一歩のところでトラブルに遭いやすい凶文字

「キ」と「き」は「幾」が基になっています。「幾」は、もう少しで人の体に刃が届く様子をあらわした文字で、「いく（つ）」「いくばく」「もうすこしで」「すこしずつ」「ちかい」「ほとんど」「あやしい」「しらべる」「かすか」などの意味があります。

この文字を名前に持つことで、才能が完成されつつも、今一歩のところでトラブルや事故などに見舞われ、未完・未達成の不運に泣くことが多くなりがちです。また、刃が届くという暗示から、特に病気に注意しなくてはなりません。

「も」「モ」　芸術・美容分野で吉。異性間のトラブルに注意

「モ」と「も」は、「毛」が基になっています。象形文字では、垂れた細かい毛の形に描かれていますが、単に髪の毛を示すだけでなく、獣や陰毛を暗示し、「絡《から》む」という要素も含んでいます。書道などの芸術関係や美容関係には吉作用をもたらしますが、異性間のトラブルや家

庭運には注意が必要です。

「め」「メ」　男女ともに、女性的な要素がより強く表れる

「メ」と「め」は、「女」が基になっています。この字には、「おんな」以外の要素がなく、概して、女性にはプラスに、男性にはマイナスに作用します。

「ろ」「ロ」　人と人がつながり、人脈から仕事が発展する吉文字

「ロ」と「ろ」は、「呂」が基になっており、「つらなる」「背骨」などの意味があります。「人と人がつながる」「仕事がつながる」という暗示があり、芸事などに吉作用が強くあらわれます。

「と」「ト」　勢いが停止する暗示があり、ときには生命への影響も

「と」と「ト」は、「止」からつくられた文字です。「止」は、足跡を象徴する文字でこれには、「勢いが止まる」「停止する」といった意味があり、ときには生命にも影響します。凶暗示の強い文字ですから、注意しなくてはなりません。

「ル」　移ろいをあらわす凶文字で浮き沈みの激しい人生になる

「流」からつくられた「ル」には、「ながれる」「移りゆく」「成り立たない」「さまよい歩く」「おちぶれる」といった意味があります。「流」の漢字の起源は、幼い子どもが水に流されている様子（水死者）をあらわしており、これも凶暗示の強い文字です。

「サ」　カタカナの中では凶暗示が強く、一度築いた縁も壊れやすい

「サ」は、「散」からつくられた文字で、「ちる」「ばらばらになる」の意味があります。漢字の「散」は、「竹を割《さ》く」あるいは「肉を細かく割く」を象徴した文字で、「無駄なもの」「役に立たないもの」という暗示があります。カタカナの中では、とくに凶暗示の強い文字です。

あなたの名前に使われている文字の霊力

あ

安 やすんでいる。女性がすわっている。安静。やさしい。女性的暗示が強く、男性には不向き。肉親の縁に弱い暗示。

絢 あや。色をめぐらした模様。あやもよう。美しいもよう。色情のトラブルに注意。

い

衣 ころも。着る。きぬ。おおう。体をかくすもの。したがう。「葬」や霊的暗示もある。

唯 「はい、承知しました」(という返事)。ていねいな返事。ただし。ひとり。ひたすら。これだけ。実直な性格と紆余曲折の暗示。

育 子どもが逆さまの形。正常に生まれ出る形。生まれる。そだつ。産む。家庭、子どもに縁あり。

壱 ひとつ。ひとえに。まことに。つぼの中の酒がいっぱいになる。ひとつのことに集中すると成果。酒、薬に注意。

う

宇 のき(軒)。やね。ひさし。家。天下。大きなもの。大きなことに挑戦すると吉。

羽 はね。鳥のはね。虫のはね。つばさ。たすけ。人を助けたり、助けられたりの暗示。

え

永 川の流れ。水の分かれるさま。わかれる。長い。長くつづけることで吉。別れの凶暗示。

英 美しく咲く花。実らない花。すぐれる。

りっぱな。さかんな。女性に付けると、子ども縁に波乱の暗示。

栄 火のかがやくさま。さかえる。ほまれ。さかんに。はえる。栄光に縁。尽きる暗示も。

悦 よろこぶ。たのしみ。よろこび。ぬける。別れる。散る。吉凶の両方の暗示。

円 まる。まるい。まどか。まとまる。みちる。囲む。女性の場合、色難の暗示。

延 のびる。ながい。とおい。つらねる。亡くなる。物事が凶へと動く暗示がある。

お

王 おう。きみ。すぐれている。大きい。斧の形。男性にとって吉暗示。

央 真ん中。なかば。中央。くびすじ。やむ。止まる。中心になって行なうことに吉暗示。凶要素もはらむ。

桜 さくら。ゆすらうめ（梅桃）。小桃。血。芸事等に吉。事故の暗示。

音 おと。ね。口から出る音。こえ。吉凶の両方を暗示。

温 あたたかい。あたためる。熱を中にこめる。蒸す。人に感動を与えられるような職業に吉作用。

か

加 くわえる。ふやす。たす。力を合わせて訴える。行動力に勝る要素。舌禍に注意。

可 よい。よろしい。ゆるす。きく。許す暗示。のどに障害の要素あり。

佳 よい。美しい。りっぱ。すぐれる。美の要素が強い暗示。

果 はたす。はて。はてる。死ぬ。ゆきつく。事故の暗示あり。

河 かわ。水の流れ。曲がった川。黄河。勢いと波乱を暗示。

花 はな。あや。はなやか。美しい。吉凶の両方の暗示あり。

夏 なつ。盛ん。人が面をつけて舞うさま。仮面。巫女。芸事に吉作用あり。吉凶の両方の暗示あり。

華 はな。はなやか。さかえる。くぼんで曲がっている。あでやかな反面、凶暗示あり。

歌 うたう。うた。声をのばして、口をあけ歌う。芸能に才あり。

我 われ。わがまま。武器。切りつける。スポーツなど、かぎられたものに吉作用。凶暗示強い。

芽 め。めぐむ。めざす。きざし。かみ合う。新しく始めることに吉作用。人間関係に配慮必要。

賀 よろこぶ。よろこび。銭。ふやす。金銭欲を強めると凶。

雅 みやび。上品。鳥。ただしい。芸術の才あり。人と協調すると吉。

介 たすける。よろい。守る。へだてる。わりこむ。人を助けて吉。周囲と和合しにくい暗示。

快 こころよい。はやい。病気の原因がとりのぞかれ気持ちがよい。交通、旅行関係に吉。

絵 えがく。合わせる。寄せあわす。刺繍。吉凶両方の暗示あり。

開 ひらく。あく。あける。ひらける。門をあけるさま。人間関係に注意。

楓 かえで。ふう。木の名。ゆれ動いて飛ぶ。不安定暗示も。芸術関係は吉。

覚 おぼえる。あきらか。「学」の字のもととなる文字。神仏関係に吉作用。

学　まなぶ。ならう。まなびや。学問をする人。親の意思を強く受けやすい。

且　かつ。重なるさま。いっとき。住まい、職が変わる暗示。

完　おわる。完全。まっとうする。協調性が重要となる暗示。

寛　ひろい。ゆたか。ゆるやか。ゆるす。節度が重要となる暗示。

幹　みき。もと。ただす。中心となるもの。運動能力にすぐれる暗示。

き

気　食べ物を贈る。活力。精神。気力。食べ物に困らない暗示あり。

岐　えだみち。ふたまた。迷いが多くなる暗示。

希　まれ。ねがう。こいねがう。継続性のあることがらにたずさわると吉。

季　四季の区分。わかい。小さく、おさない。新しい要素の強いものに吉作用。

起　おこす。おきる。たつ。たてる。行動力が強い暗示。協調性に注意。

記　おぼえる。かきしるす。事務・経理・調査などの仕事は吉。

規　ぶんまわし。きまり。ただす。計画性が必要なものに強みを発揮。

喜　よろこぶ。よろこび。食べ物や音楽をよろこぶさま。芸術の才にすぐれる暗示。

輝　てる。かがやく。かがやき。りっぱな。ひとりよりも複数でおこなうものに吉。

葵　あおい。野菜の名前。ひまわり。周囲と和合を心がけて吉。

騎　馬に乗った人。のる。またがる。戦うことにかかわる、不安定な暗示。

吉　よい。きち。めでたい。満たされた器。

吉の暗示が強いが、トラブルの暗示もある。

弓 ゆみ。弓の形をあらわしたもの。個性が強い暗示あり。強弱のバランスが大切。

挙 あがる。あげる。ささげる。高くもちあげる。くわだて。他の協力を得られる暗示。

杏 あんず。果樹の実。周囲と和合する暗示があるも、「子」の文字との組み合わせは凶。

享 きょう。受ける。もてなす。供え物を神にまつる。周囲と和合する暗示あり。

恭 うやうやしい。かしこまる。つつしむ。神仏に縁あり。

強 つよい。つよめる。つよい虫をあらわしている。周囲と和合しにくい暗示あり。

教 おしえる。おそわる。子どもに対して、おしえる。習わせる。押しの強さを控えると吉。

暁 あかつき。あきらか。さとる。夜明け。はっきりとわかる。吉凶両方の暗示あり。

勤 つとめる。はたらく。力を出す。苦しむ。疲れる。事故や金銭トラブルに注意。

琴 こと。楽しむ。楽器の形。こもる。とざす。内にこもる暗示があり凶。芸術の才あり。

銀 ぎん。しろがね。貨幣。ケガに注意が必要な暗示。

く

君 きみ。りっぱな人。王。神殿につかえたり人々をとりもつ人。女性には凶暗示。

け

啓 ひらく。申す。みちびく。小枝で打つ。無理やりに開く暗示。強情な性格の暗示。

敬 うやまう。つつしむ。かしこまって礼をしているさま。威圧的態度を控えることで吉。

景 ひかり。かげ。ひかげ。太陽の光の暗示。吉作用あるも反転する暗示もあり。

慶 よろこぶ。よろこび。めでたい。吉凶両方の暗示。色情、事故に注意。

結 むすぶ。むすび。刃物。ひもを結び、閉じこめる。協調性を強くもたないと波乱。

潔 きよい。いさぎよい。きよめる。みそぎ。周囲との和合を欠き、事件にかかわる暗示も。

見 みる。みえる。あらわれる。目の前にあらわれる。芸能など目立つこと、人目につくことに吉作用。

建 たてる。たつ。筆をまっすぐ立てたさま。計画性があるものに対して吉作用。

兼 かねる。あわせる。あわせもつ。多角的、多方面にかかわる要素と、共同性の要素に吉作用。

健 すこやか。たくましい。つよい。力が強い。肉体を使うことに対し吉作用。周囲との和合が重要。

堅 かたい。かたい土。しっかりとしている。吉凶の両方の暗示。事故と目の病に注意。

賢 勝る。かしこい。財に縁のあるもの。金銭に強い執着をもちすぎると凶。目の病に注意。

憲 きまり。おきて。おしえ。押さえこむさま。不自由さとトラブルの暗示。

謙 へりくだる。避ける。あまんじる。相手にゆずることで吉。

現 あらわれる。あらわす。周囲の状況が把握できる暗示。

こ

己 おのれ。つちのと。土の暗示。自己啓発要素のあるものに向く。

湖 みずうみ。湖水。あごに垂れている肉や皮。病気暗示に注意。

五 いつ。いつつ。いつたび。交差する暗示。異性に注意。吉暗示強い。

悟 さとる。さとり。さとす。はっきりとわかる。中年以降、吉暗示。

功 成しとげた仕事。てがら。突然変化の暗示あり。

広 ひろい。ひろがる。ひろめる。はてしない。心が広い暗示。火に縁あり。

巧 たくみ。わざ。てだて。とらえどころのない暗示も。

江 川。大きな川。いりえ。血液にかんする暗示あり。

孝 老人の姿。親につかえる心。健康に配慮が必要。

行 いく。旅。おこなう。動く暗示。協調を心がけて吉。神仏に縁あり。

厚 あつい。あつみ。さまざまな険しさ。ていねい。情をあらわすと吉暗示。

恒 かわらない。動くことのない心。吉凶の両方の暗示。

紅 べに。くれない。あか。きぬ。美や、飾ることへの吉凶の両方の暗示あり。

香 かおる。かおり。かんばしい。楽しむ。周囲の影響を受けやすい暗示も。

耕 たがやす。田畑にかかわる暗示。周囲に和合する暗示あり。

航 わたる。ふね。舟がならんでいるさま。健康面に吉暗示あり。

康 やすらか。じょうぶ。すこやか。無事。食に関し、吉暗示。周囲への配慮の暗示も。

煌 かがやく。あきらか。光が大きくなる。広がる。火に関するものとかかわる暗示。

興 おこす。おもしろみ。はじめる。はじまる。酒に注意。

剛 勇猛。かたい。つよい。じょうぶ。協調性に注意。事故の暗示も。

豪 つよい。すぐれる。やまあらし。毛深い。協調性、柔軟性を強めて吉。

さ

彩 いろどる。いろどり。すがた。ようす。木の芽や実を手でとる。器用な暗示。かざる要素強。

菜 摘み菜。やさい。つみとるさま。食の暗示強く、つちかう要素のあるものに吉作用。異性運注意。

作 さかん。たくらみ。いつわり。にせもの。吉凶の作用が共に激しい。

咲 わらう。花が開く。ふくみのあるさま。早咲きの暗示。

颯 早い動き。風の吹くさま。やせる。弱る。吉凶の両方の暗示。

し

士 「男根」をあらわした文字。おとこ。さむらい。法名に使われる文字で、凶暗示あり。

子 こども。十二支の「ね」。小さいもの。男の子。わかもの。男性的な強さの暗示。

司 つかさどる。役所。役人。肛門にかんする暗示。

矢 矢。まっすぐ。正しい。武器。ひとつのことを貫くと吉。多角的要素をもつと凶。

志 こころざす。しるし。ひとつの方向を目指す暗示。波乱の暗示も。脚の病に注意。

枝 えだ。もとから分かれたもの。家庭波乱、手足の病の暗示も。

詞 ことば。ことばをつらねる。子どもに縁のある暗示。

嗣 つぐ。あとつぎ。つかさどる。家業に対して吉暗示。

詩 うた。詩。気持ちをそのまま言葉に出す。芸能の才を暗示。

児 小さい子ども。頭の骨が固まっていない様。病気の暗示あり。

治 おさめる。なおる。河・川の暗示。自然を活かした仕事に吉

七 ななつ。物を切って分けた暗示。家庭運に凶暗示あり。

守 まもる。まもる人。失わない。支配する。囲いこむ。吉凶の両方の暗示。

朱 あか。しゅ。切り株。木の中心部。切り離す。断ち切る暗示あり。

寿 ことぶき。長生き。ひさしい。老人、長寿の暗示だが、曲がりくねる要素も。

珠 たま。真珠。光りかがやく暗示。芸術関連に吉作用あり。

樹 木。立つ。木をうえる。物事をはじめる暗示。人間関係に吉。

宗 しゅう。本家。みたまや。神仏に強い縁あり。事件暗示あり。

修 おさめる。人の背中に水をかけるさま。みそぎ。とくに凶文字との組み合わせに注意。

秋 あき。火を使ってかわかす。とり入れるさま。傷害注意。離婚暗示。

就 つく。とりかかる。成る。完成。高い丘の暗示。事故に注意。

充 肥える。成長する。あてがう。肉体的成長や、才能を磨く面で吉暗示あり。

俊 かしこい。すぐれる。足がはやい。吉暗示あるも、とくに凶文字との組み合わせに注意。

瞬 またたく。目をまばたきするさま。一瞬の短い時間。目の病に注意。吉凶の波乱激

しい。

旬 じゅん（10日、10か月、10年）。しゅん。日が一巡、ひと巡りするさま。吉暗示も、持続性が重要。

准 じゅんずる。そろえる。なぞる。平らの暗示あり。協調性をもって吉。

純 まじりけのない。布のへり。とどまる暗示。とくに凶文字との組み合わせに注意。

順 したがう。順序。川の流れのように従う。周囲との和合を心がけて吉。

準 たいら。水平。みずもり。なぞらえる。下半身の病に注意。

潤 うるおう。うるむ。水でうるおう。しみこむ。ふくらむ暗示。子どもに縁あり。

隼 はやぶさ。はやい鳥。すばやい。事故暗示あり。協調性が重要。

匠 美しいものをつくる技。新しいものをつくりだすアイデア。木を細工する。技芸や動物に縁あり。

昭 あきらか。照らす。呼びよせる。明るい日の光ですみまで照らす。「召」は酒をあらわし、酒と人間の上下関係に注意。

笑 えむ。わらう。ほほえむ。むりやりに笑うような暗示。噺家等には吉だが、一般には凶。

晶 ひかり。星が三つ輝いているさま。安定感を求めていくことがとくに大切。

翔 かける。とぶ。鳥がとびたつ形。ひじに縁あり。肉体にかんする暗示。周囲との和合が重要。事件に注意。

照 ひかる。てる。かがやき。光がすみずみまで照らしているさま。火の暗示が強すぎ、事故の要因。

丈 じょう。たけ。長い。手尺で長さを測るさま。杖の暗示あり。強い、たくましい要素も。

織　布を織る。組み立てる。布や衣服の暗示。目立つ。目立ちたい要素。

伸　のびる。のばす。まっすぐ体をのばす。無理をする暗示。

信　人が神に誓いを立てる様子。まこと。法名に使われる文字。組み合わせる文字によっては、凶作用あり。

進　すすむ。すすめる。勢いよく前に出る。勢いが強すぎ、退くことを忘れると凶作用。

紳　太いおび。稲妻をあらわした文字。激しい伸びや動き。さげすむ暗示。

新　あたらしい。切っているところ。よく切れるおの。刃物。鋭さは、相手と自分の両方に及ぶ暗示あり。

人　ひと。立っている人間を横から見た象形文字。女性問題に注意。

仁　おもいやり。同情の心。果物のたね。背・手・足の病に注意。

す

昴　すばる。星。押して開ける暗示。新しいことを始めるのに吉作用。

せ

正　ただしい。支配する。ただす。まっすぐに進んでいくさま。色情の要因あり。

世　世の中。流れる。三十年。世継ぎ。女性には凶暗示。

清　きよい。すむ。きよらか。すずしい。つめたい。身体を冷やす。吉凶の入れ替わりが激しい。

晴　はれる。はらす。澄みきった空のようす。波乱に注意。

誠　まこと。うそ、いつわりのない心。整う暗示あり。

聖 ひじり。すぐれた人。耳でよく聞きとる。神仏の暗示あり。驕りに注意。協調性が大切。

静 しずか。しずめる。おちついている。安静。あらそう暗示。取り合いに注意。

夕 ゆうべ。月、三日月が光るさま。吉暗示が強いが、凶に変わる暗示もあり。

千 数字の千。数の多いこと。人。進む。金銭の災いに注意。

仙 不死の人。天才。長生き。世俗を離れた人。天才的な才能あるが、肉親に凶暗示が。

泉 いずみ。わきみず。穴から出るさま。流れ出す。穴を開け噴き出させる。病の暗示もあり。

そ

壮 さかん。元気でいさましい。成人男子。伸びる。大きくなる暗示あり。

爽 さわやか。あきらか。割り切る。別れる。きず。事故の暗示。

操 みさお。あやつる。とる。たぐり寄せる。不安定。手先をつかうことにかかわる暗示。

た

代 かわる。かわりのもの。人が入れかわる。変化や交代など不安定な暗示。芸能関係に吉暗示。

拓 ひらく。ひろげる。とりあげる。割る。新しい物、受け継ぐ物に吉作用。

卓 たかい。台。とびぬけている。脚。テーブルの暗示あり。

達 通る。通す。通達。つかえずに通る。いきつく。安産。自分を貫くことで圧力も多い暗示。

男 おとこ。雄。力を出す。田と力で耕作のさま。養子の暗示あり。

ち

知　しる。さとい。しらせる。あてる。いいあてる。次々と言葉が出る。神仏にかんする暗示あり。

稚　おさない。若い。成長がおそい。大人になりきれない暗示。

宙　そら。屋根。空中。天。中身が抜ける暗示も。

忠　ちゅう。まごころ。まこと。ささげる。他につくす心。本心が出にくい。押さえる暗示。病気、事故に注意。

澄　すむ。すきとおる。きれいにする。すまし顔の暗示。誤解に注意。

直　なおし。なおる。まっすぐ。ただす。ただちに。逃げ隠れる。女性は強情な性格の暗示。男性は色情に注意。

つ

通　とおる。とおす。つきぬける。かよう。道を通る暗示。協調が大切。

て

哲　あきらか。さとい。かしこい。断ち切る。白黒つける。迷いを捨てることで吉運強まる。

徹　とおる。つらぬく。とりさる。抜け出る。個性を主張することで吉。

典　のり。きまり。書物。原則。法名に使われる文字で、後半失速の暗示あり。

展　ひろげる。ひらく。すすむ。みる。人の上に立つ手腕があるが、事件・事故の暗示も。

と

斗　ひしゃく。たたかう。立つ。酒に注意。

努 つとめる。いかり。奴隷的な。たいへんな。病気に注意。

透 すく。とおる。ぬきんでる。すける。協調と安定を強めると吉になる。

桃 もも。鬼をはらう暗示。子どもをもつことによって吉暗示。

登 のぼる。始める。みのる。上位につく。女性には凶暗示。

等 ひとしい。そろう。ととのえる。寺とかかわりをもつ。周囲と協調する暗示。

道 みち。まっすぐな一本道。首をもち進んでいくさま。みちびく要素のあるものが吉。女性には特に凶暗示。

徳 とく。めぐみ。正しい行ない。女性は家庭縁に注意。

篤 あつい。人情のある人間。苦しむ馬の姿。周囲から好まれる暗示。

な

奈 赤ナシ。唐ナシ。果物の名。いかんせん。協調が重要。

に

忍 しのぶ。たえる。がまんする。しのばせる。傷。運動に秀でるも、家庭との縁がうすい暗示。

の

乃 すなわち。曲がったさま。重なる。病気、事故の暗示あり。

は

馬 うま。家畜。戦う。気性の激しさに注意。

博 ひろい。大きい。ひろめる。博打の暗示。土に親しむと吉。

帆 ほ。みちびく。ほかけ舟の布。すすむ吉暗示。

範　手本。わく。おはらい。火の暗示。トラブル暗示注意。

繁　しげる。さかん。ふえ、ひろがる。散財、道楽に注意。

万　あたま。すべて。ひじょうに。猛毒のさそり。トラブル・健康に注意。

ひ

妃　きさき。つれあい。天子の妻。背中の病に注意。

飛　とぶ。とばす。鳥が飛んでいる。とびたつさま。動く暗示を活かすことで吉。

美　うつくしい。よい。大きな。ふとった羊。形よく肥えた、美しさ、なまめかしさをあらわしている。美・肥満を意識しすぎる暗示。

百　数字の百。数の多い。すべて。たくさん。大切な。中心の暗示。

苗　なえ。たね。草と田。血すじ。子孫。伸び悩む凶暗示も。

敏　さとい。速い。神経がこまかい。動く暗示と飾る暗示が強い。

ふ

夫　おとこ。おっと。かんざしを付けている男の形。華やかな暗示あり。

武　たけだけしい。つよい。いさましい。戦う暗示強い。進みつづける暗示。

舞　まう。まい。ひるがえして舞う。ふるいたたせる。波乱の暗示あり。

文　あや。もよう。かざり。あざやか。ふみ(文字・手紙)。いれずみ。表現分野の仕事が吉。

へ

勉　つとめる。はげます。はげむ。りきむ。分娩の暗示も。強引さに注意。

ほ

歩　あるく。あゆむ。進んでいく。金銭暗示。安定的なことに吉暗示。

保　たもつ。まもる。子どもを背負う。からだを包む要素。子どもにかんする暗示強い。

穂　ほ。穀物の先に実を付けたさま。妊婦の暗示あり。

萌　もえる。めばえ。きざす。まえぶれ。押し出す。強情を抑えて吉。

芳　かんばしい。かおり。におい。広がる。切る暗示もあり。

豊　ゆたか。多い。みのる。食べ物が食器にいっぱいのさま。はじける、あるいはこぼれ落ちる暗示も。

望　のぞみ。のぞむ。月。人が背伸びして立っている形。遠くを見る。欲望が強すぎると凶暗示。

ま

麻　あさ。屋根。植物の名前。反物。神殿の敷物。まっすぐ伸びる。「衣」の文字との組み合わせは凶。

磨　みがく。はぎとる。こする。すりへる。和合を心がけて吉。

み

未　ひつじ。いまだ。木の枝や葉が茂るさま。伸びる要素あり。「これから」の暗示あり。

魅　ばけもの。もののけ。人間をまどわす怪物。凶文字なので注意。

妙　みょう。美しい。不思議。削る。法名に使われる文字なので注意。

民　支配され、目を刺され、目を見えなくさせられている人の姿。もしくは、草木の芽が出ている様子。障害に見舞われる暗示あり。

実　家から財産があふれるさま。金運が強い。金銭欲が強すぎると凶。

む

夢　ゆめ。はっきり見えない状況。夜中のやみ。本来の意味（闇）に注意。人名には凶。

め

名　人間の名前。自分の名を声に出していう。周囲との和合、協調が重要。

明　あかるい。あける。見える。あきらか。月光。先見性をもつ暗示。

も

茂　しげる。さかん。すぐれる。葉がおいしげる。身動きのとれない暗示も。

目　め。めぐむ。めざす。きざし。かみあう。新しくはじめるものに対して吉。人間関係に配慮必要。

ゆ

由　いわれ。もとづく。酒が出てくる、たれるさま。かご（籠）。周囲との和合を心がけて吉。中身の抜け落ちた瓜。

邑　くに。ゆう。むら。ふさぎこむ。抑えつけられる暗示。

有　ある。たもつ。手に肉をもってすすめる。供えるさま。かかえる。強い性格の暗示も。

勇　いさましい。いさむ。力が出るさま。つらぬく。押し通す。女性には凶暗示。

悠　はるか。うれえる。人の背中に水をかけているさま。病気に注意。

裕　ゆたか。あまっている。ゆたかなさま。中身があいている。財運と遊興の暗示。

雄　おす。さかん。雄の鳥。美しい。すぐれる。ひじを使うことに縁あり。

よ

誉　ほまれ。たたえる。ほめる。みんなでもちあげる。名声。ほめられて自分を見失う暗示。

洋　うみ。大海。大川。あふれる。ひろい。さかんな。散財に注意。

陽　太陽。ひなた。あたたかい。男性の生殖器。女性の場合、家庭との縁が薄い。

遥　はるか。ゆっくり。細く長い道のり。とおい。さまよう。吉凶両方の暗示。

翼　つばさ。はね。たすける。運動能力にすぐれる。不安定暗示。

ら

来　くる。むぎの形。きたる。周囲との和合を心がけて吉。

り

里　さと。むらざと。田畑。あぜ道。整理。調整、養子、安定、田舎といった暗示あり。

利　きく。するどい。すばやい。益。切る暗示あり。周囲との和合が重要。暗転暗示もあり。

理　おさめる。みがく。すじみち。きまり。修復、修正の暗示を活かして吉。

莉　ジャスミン。薬にも用いられる草。花の中では運気の良い文字。

力　ちから。はたらき。努める。体を動かすことで吉暗示。

陸　おか。あがる。小高い台地。連なる。周囲との和合を心がけて吉。

良　よい。すぐれる。りっぱ。まこと。分別。女性には凶暗示。協調が重要。

陵　みささぎ。りょう。土をもり高くなった丘。墓。事故の暗示あり。

稜　かど。りょう。きわだつ。すじ。周囲との和合に注意。

綾　りょう。あや。あやぎぬ。混乱。もよう。かざり。頑固の暗示。女性には凶暗示。

涼　すずしい。すがすがしい。多角的な才能に恵まれる吉暗示。事故・病気に注意。

遼　はるか遠い。距離や時間のへだたり。遠くまで歩く。性急な結果を求めると凶作用が強まる。

鈴　すず。りん。鐘。大きな音。声を出す。ひびく。吉凶が入れかわる暗示。

凜　りん。つめたい。氷の暗示。はっきり、毅然としている。吉凶両方の暗示あり。

麗　うるわしい。きれい。シカの角が二つ並んださま。争いの暗示あり。

烈　はげしい。めざましい。火が燃えている。裂ける。焼く暗示、事故の暗示あり。

連　耳を糸で貫いた形。ひきつれる。かかわりあう。組織内での単独行動は凶。

蓮　植物のはす。法名に使われるので要注意。周囲と和合する暗示あり。

郎　おとこ。若い男子。清らか。不安定な暗示あり。

朗　ほがらか。あきらか。清らか。月の光。声を使うことに吉作用。

和　やわらぐ。なごむ。いっしょになる。とけ、まざる。和合を心がけて吉。強情は凶。

巻末
主な文字の画数表

部首の正字と画数

氵《さんずい》↓水　4画
忄《りっしんべん》↓心　4画
扌《てへん》↓手　4画
犭《けものへん》↓犬　4画

王《たまへん》↓玉　5画
礻《しめすへん》↓示　5画
艹《くさかんむり》↓艸　6画
月《にくづき》↓肉　6画

衤《ころもへん》↓衣　6画
辶《しんにゅう》↓辵　7画
阝《おおざと》(右)↓邑　7画
阝《こざと》(左)↓阜　8画

漢数字の画数

一↓1画　二↓2画　三↓3画　四↓4画　五↓5画　六↓6画　七↓7画

八↓8画　九↓9画　十↓10画　百↓6画　千↓3画　万↓15画

佐々木、奈々子等の「々」は「佐」「奈」の画数で数える

ひらがな・カタカナ・漢字　画数表

かな

あ	い	う	え	お	か	き	く	け	こ	さ	し	す	せ	そ	た
3	2	2	3	4	3	4	1	3	2	3	1	3	3	3	4

ち	つ	て	と	な	に	ぬ	ね	の	は	ひ	ふ	へ	ほ	ま	み	む	め
3	1	2	2	5	3	4	4	1	4	2	4	1	5	4	3	4	2

も	や	ゆ	よ	ら	り	る	れ	ろ	わ	ゐ	ん	ゑ	を
3	3	3	3	3	2	2	3	2	3	3	2	5	4

カナ

ア	イ	ウ	エ	オ	カ	キ	ク	ケ	コ	サ	シ	ス	セ	ソ	タ
2	2	3	3	3	2	3	2	3	2	3	3	2	2	2	3

チ	ツ	テ	ト	ナ	ニ	ヌ	ネ	ノ	ハ	ヒ	フ	ヘ	ホ	マ	ミ	ム	メ
3	3	3	2	2	2	2	4	1	2	2	1	1	4	2	3	2	2

モ	ヤ	ユ	ヨ	ラ	リ	ル	レ	ロ	ワ	ヰ	ン	ヱ	ヲ
3	2	2	3	2	2	2	1	3	2	4	2	3	3

※濁点「゛」は２画、半濁点「゜」は１画、音引き「ー」は１画。

漢字

【あ】

天	文	中	穴	尼	甘	合	礼	旭	朱	有	在	安	赤
4	4	4	5	5	5	6	6	6	6	6	6	6	7

足	歩	余	杏	吾	青	明	味	亜	東	姉	雨	采	相	秋	昭	厚	後
7	7	7	7	7	8	8	8	8	8	8	8	8	9	9	9	9	9

油	泡	晃	芥	畔	晏	紋	洗	畦	朗	章	麻	梓	彩	庵	彬	茜	晶
9	9	10	10	10	10	10	10	11	11	11	11	11	11	11	11	12	12

朝	浅	敦	惇	淳	絢	嵐	荒	淡	粟	悪	阿	会	愛	暉	揚	渥	暑
12	12	12	12	12	12	12	12	12	12	12	13	13	13	13	13	13	13

当	新	温	蒿	逢	彰	網	飴	綾	緋	葵	輝	葦	熱	諄	醇	編	蒼
13	13	14	14	14	14	14	14	14	14	15	15	15	15	15	15	15	16

暁	篤	鮎	禮	曜	曙	藍	耀	饗	芦	顕
16	16	16	18	18	18	20	20	22	22	23

【い】

一	入	己	井	引
1	2	3	4	4

今	犬	五	生	功	丼	出	以	市	石	伊	至	糸	色	印	亥	池	依
4	4	5	5	5	5	5	5	5	5	6	6	6	6	6	6	7	8

居	到	板	妹	岩	軍	勇	急	泉	祈	芋	威	容	射	家	活	育	乾
8	8	8	8	8	9	9	9	9	9	9	9	10	10	10	10	10	11

移 11　頂 11　茨 12　幾 12　斐 12　壱 12　絲 12　惟 12　迪 12　為 12　意 13　郁 13　飯 13　維 14　稲 15　逸 15　院 15　諌 16　勲 16　陰 16

磯 17　巌 20　隠 22　巖 23

【う】

上 3　内 4　丑 4　午 4　牛 4　氏 4　右 5　占 5　卯 5　瓜 5　生 5　宇 6　有 6　打 6

羽 6　臼 6　雨 8　乳 8　受 8　姓 8　承 8　采 8　後 9　美 9　埋 10　哥 10　烏 10　討 10　馬 10　唱 11　動 11　得 11　浮 11　梅 11

海 11　産 11　浦 11　畦 11　魚 11　植 12　雲 12　碓 13　裏 13　歌 14　売 15　漆 15　運 16　潮 16　潤 16　器 16　鶯 21

【え】

永 5

衣 6　伯 7　役 7　延 7　江 7　杷 8　枝 8　易 8　炎 8　沿 9　泳 9　映 9　重 9　柄 9　盈 9　宴 10　笑 10　衿 10　英 11　悦 11

海 11　苑 11　恵 12　淵 12　越 12　斐 12　園 13　会 13　援 13　煙 13　円 13　鉛 13　瑛 14　栄 14　猿 14　榎 14　影 15　慧 15　演 15　縁 15

閲 15　鋭 15　衛 16　燕 16　頴 16　謁 16　営 17　遠 17　獲 18　絵 19　襟 19　駅 23　塩 24　艶 24

【お】

乙 1　士 3　小 3　大 3

公 4　夫 4　及 4　丘 5　巨 5　央 5　王 5　生 5　仰 6　多 6　同 6　収 6　自 6　良 7　尾 7　弟 7　男 7　忍 7　叔 8　居 8

岡 8　沖 8　折 8　於 8　斧 8　長 8　旺 8　屋 9　思 9　栂 9　押 9　泳 9　治 9　相 9　畏 9　表 9　重 9　音 9　面 9　扇 10

修 10　恩 10　笈 10　鬼 10　起 10　帯 11　御 11　教 11　終 11　桶 11　棹 12　衆 12　雄 12　債 13　奥 13　想 13　脩 13　荻 13　温 14　置 14

溫 14　緒 15　億 15　慮 15　興 15　趣 15　横 16　親 16　応 17　遠 17　憶 17　織 18　隠 19　臆 19　桜 21　鷹 24

【か】

上 3　下 3

川 3　介 4　方 4　化 4　火 4　片 4　禾 5　叶 5　可 5　加 5　甘 5　皮 5　瓜 5　瓦 5　甲 5　外 5　各 6　灰 6　回 6　交 6

亥 6　伽 7　何 7　克 7　改 7　形 7　我 7　戒 7　利 7　角 7　貝 7　完 7　果 8　快 8　佳 8　函 8　庚 8　巻 8　和 8　官 8

固 8　門 8　岳 8　岸 8　岩 8　彼 8　金 8　柿 9　県 9　垣 9　重 9　冠 9　型 9　廻 9　枯 9　柏 9　河 9　界 9　科 9　看 9

肝 9　革 9　風 9　香 9　春 9　峨 10　桂 10　兼 10　家 10　夏 10　格 10　株 10　紙 10　活 10　狩 10　珂 10　烏 10　神 10　肩 10　芥 10

殻	掛	敢	寒	勝	割	悔	梶	粕	笠	貫	勘	眼	袈	海	側	乾	釜	花	芽
12	12	12	12	12	12	11	11	11	11	11	11	11	11	11	11	11	10	10	10

像	楓	筧	渇	莞	解	会	荷	感	嫁	幹	凱	雁	閑	開	雅	間	堅	賀	街
14	13	13	13	13	13	13	13	13	13	13	12	12	12	12	12	12	12	12	12

萱	価	郭	駕	葛	数	影	確	漢	慣	寛	禍	華	菅	軽	算	管	歌	魁	嘉
15	15	15	15	15	15	15	15	15	15	15	14	14	14	14	14	14	14	14	14

壊	関	絵	鎌	環	謙	霞	蔭	嶽	階	鴨	亀	潟	壁	学	蒲	樺	陥	樫	楽
19	19	19	18	18	17	17	17	17	17	16	16	16	16	16	16	16	16	15	15

切	公	今	弓	巾	己	久
4	4	4	3	3	3	3

【き】

観	巌	鑑	駆	懐	覚	馨	鐘	薫	勧	蟹
25	23	22	21	20	20	20	20	20	20	19

行	臼	曲	求	机	旭	吉	匡	仰	共	休	伎	玉	王	巨	北	丘	甲	斤	木
6	6	6	6	6	6	6	6	6	6	6	6	5	5	5	5	5	5	4	4

季	奇	居	岸	其	協	来	京	享	供	究	希	更	杏	形	岐	吟	均	君	衣
8	8	8	8	8	8	8	8	8	8	7	7	7	7	7	7	7	7	7	6

級	気	校	恭	宮	城	祈	肝	紀	祇	姫	香	客	侠	九	金	杵	欣	技	宜
10	10	10	10	10	10	9	9	9	9	9	9	9	9	9	8	8	8	8	8

景	幾	喬	喜	虚	狭	近	魚	規	毬	救	寄	基	峡	起	鬼	衿	記	桐	砧
12	12	12	12	11	11	11	11	11	11	11	11	11	10	10	10	10	10	10	10

義	禁	琴	絹	極	勤	黄	尭	貴	給	胸	筋	稀	球	浄	淑	欽	期	強	清
13	13	13	13	13	13	12	12	12	12	12	12	12	12	12	12	12	12	12	12

郷	暁	器	亀	錦	潔	樹	興	漁	毅	槻	儀	偽	軽	菊	緊	旗	境	鳩	経
17	16	16	16	16	16	16	15	15	15	15	15	14	14	14	14	14	14	13	13

車	串	句	日	工	口	久
7	7	5	4	3	3	3

【く】

響	鏡	霧	襟	騎	謹	帰	挙	簣	戯	鞠
22	19	19	19	18	18	18	18	17	17	17

区	釧	国	邦	組	桑	訓	矩	庫	倉	栗	軍	首	紅	狗	九	来	玖	空	呉
11	11	11	11	11	10	10	10	10	10	10	9	9	9	9	9	8	8	8	7

幻	毛	下
4	4	3

【け】

薬	薫	蔵	櫛	隈	勲	暮	窪	熊	郡	楠	蛛	雲	黒	草
21	20	20	19	17	16	15	14	14	14	13	12	12	12	12

気	奎	計	彦	勁	建	型	契	県	決	弦	形	血	圭	刑	玄	兄	元	犬	欠
10	9	9	9	9	9	9	9	9	8	8	7	6	6	6	5	5	4	4	4

桂	径	拳	肩	軒	兼	乾	健	啓	研	畦	圏	堅	捲	傑	喬	恵	景	現	傾
10	10	10	10	10	10	11	11	11	11	11	11	12	12	12	12	12	12	12	13

敬	経	解	茎	掲	境	源	渓	軽	慧	慶	稽	賢	剣	倹	樫	憲	潔	螢	縣
13	13	13	13	13	14	14	14	14	15	15	15	15	15	15	15	16	16	16	16

検	激	謙	鍵	撃	鯨	献	継	懸	厳	険	芸	鶏	権	顕	験
17	17	17	17	17	19	20	20	20	20	21	21	21	22	23	23

【こ】

子	小
3	3

今	戸	孔	互	公	之	五	弘	甲	功	古	光	伍	合	此	考	亘	好	克	宏
4	4	4	4	4	4	5	5	5	5	5	6	6	6	6	6	6	6	7	7

告	吾	呉	声	孝	攻	更	言	谷	江	昊	庚	固	孤	坤	幸	児	昆	欣	虎
7	7	7	7	7	7	7	7	7	7	8	8	8	8	8	8	8	8	8	8

皇	侯	是	後	狐	紅	虹	厚	河	倖	耕	候	庫	紘	洪	股	貢	骨	高	晃
9	9	9	9	9	9	9	9	9	10	10	10	10	10	10	10	10	10	10	10

剛	洸	恒	航	胡	皎	御	康	紺	許	梢	近	浩	悟	混	袴	黒	黄	皓	惟
10	10	10	10	11	11	11	11	11	11	11	11	11	11	12	12	12	12	12	12

煌	極	業	湖	港	渾	琥	琴	寿	瑚	豪	魂	槙	駒	広	穀	醐	興	聲	鴻
13	13	13	13	13	13	13	13	14	14	14	14	14	15	15	15	16	17	17	17

郷	鯉	厳	護
17	18	20	21

【さ】

三	山	小	才	札	左	再	在	早	冴	里	作	佐	坂
3	3	3	4	5	5	6	6	6	6	7	7	7	7

坐	壮	定	幸	妻	采	沙	前	貞	柴	砂	恰	咲	哲	差	真	朔	座	酒	財
7	7	8	8	8	8	8	9	9	9	9	9	9	10	10	10	10	10	10	10

宰	紗	彩	悟	崎	参	細	笹	草	茶	智	最	﨑	犀	策	嵯	想	歳	装	砕
10	10	11	11	11	11	11	11	12	12	12	12	12	12	12	13	13	13	13	13

栄	察	実	算	造	斉	榊	瑳	諒	慧	蒼	斎	霜	沢	聡	雑	薩	桜
14	14	14	14	14	14	14	15	15	15	16	17	17	17	17	18	20	21

【し】

〆	刃	上	下	士	丈	子	四	仁	之	什	心	升	支	氏	代	主	仕
2	3	3	3	3	3	3	4	4	4	4	4	4	4	4	5	5	5

充	司	史	市	正	白	申	示	生	石	庄	字	寺	如	守	向	州	式	地	丞
5	5	5	5	5	5	5	5	5	5	6	6	6	6	6	6	6	6	6	6

収	再	次	而	糸	耳	自	色	至	此	朱	旬	七	臣	成	伺	伸	助	忍	住
6	6	6	6	6	6	6	6	6	6	6	6	7	7	7	7	7	7	7	7

政	承	所	尚	宗	取	児	叔	周	受	使	侍	事	汐	辰	車	身	私	秀	志
8	8	8	8	8	8	8	8	8	8	8	8	8	7	7	7	7	7	7	7

柔	柊	是	性	重	室	思	叙	侵	信	状	青	舎	社	直	沙	昔	昇	松	昌
9	9	9	9	9	9	9	9	9	9	8	8	8	8	8	8	8	8	8	8

指	射	城	乗	修	十	洋	食	省	首	酋	秋	俊	甚	砂	治	祉	品	柴	春
10	10	10	10	10	10	10	9	9	9	9	9	9	9	9	9	9	9	9	9

神	祠	真	島	秦	祝	津	洲	殉	殊	桎	書	晋	時	拾	恂	徐	峻	恕	師
10	10	10	10	10	10	10	10	10	10	10	10	10	10	10	10	10	10	10	10

振	宿	従	将	庶	晨	鹿	執	唱	偲	迅	酌	洵	臭	針	酒	純	芝	隼	弱
11	11	11	11	11	11	11	11	11	11	10	10	10	10	10	10	10	10	10	10

若	術	袖	常	紫	茂	終	習	紳	章	者	珠	処	条	笙	祥	紋	浚	梓	斜
11	11	11	11	11	11	11	11	11	11	11	11	11	11	11	11	11	11	11	11

順	淳	浄	淑	椎	清	森	晶	植	斯	捨	情	授	惇	掌	尋	場	勝	渉	雀
12	12	12	12	12	12	12	12	12	12	12	12	12	12	12	12	12	12	11	11

椿	楢	暑	新	嗣	詞	翔	剰	深	須	就	集	盛	衆	証	視	舜	絢	粧	絲
13	13	13	13	13	12	12	12	12	12	12	12	12	12	12	12	12	12	12	12

爾	準	榛	慈	実	慎	彰	誠	嶋	煮	頌	脩	詩	装	資	荘	聖	路	渚	湘
14	14	14	14	14	14	14	14	14	13	13	13	13	13	13	13	13	13	13	13

陣	敷	趣	進	賞	諏	質	漆	熟	審	槙	尽	奨	寝	誦	誌	菖	寿	獅	滋
15	15	15	15	15	15	15	15	15	15	14	14	14	14	14	14	14	14	14	14

織	曙	駿	瞬	謝	霜	縦	繁	焼	篠	潤	静	錠	諸	親	渋	樹	儒	署	緒
18	18	17	17	17	17	17	17	16	16	16	16	16	16	16	16	16	16	15	15

醸	塩	譲	鷲	畳	襄	穣	続	嬢	鐘	獣	識	蕉	湿
24	24	24	23	22	22	22	21	20	20	19	19	18	18

【す】

主	水	介	寸
5	4	4	3

砂	炭	姿	奏	侑	直	舎	沙	季	垂	享	角	吹	助	住	杉	佑	州	好	末
9	9	9	9	8	8	8	8	8	8	8	7	7	7	7	7	7	6	6	5

粋	瑞	嵩	鈴	煤	勝	迪	筋	須	椎	捨	将	雀	宿	救	彗	巣	純	栖	昴
14	14	13	13	13	12	12	12	12	12	12	11	11	11	11	11	11	10	10	9

随	隅	鍬	穂	澄	酔	諏	進	墨	寿	輔	透	速	裾	菅	翠
21	17	17	17	16	15	15	15	15	14	14	14	14	14	14	14

【せ】

川	千
3	3

切4 井4 世5 仙5 占5 正5 全6 先6 西6 亘6 成7 谷7 声7 汐7 赤7 政8 妹8 姓8 征8 折8
青8 前9 宣9 星9 昭9 染9 泉9 沼9 省9 施9 城10 席10 扇10 栓10 洗10 芹10 専11 旋11 設11 船11
雪11 背11 犀12 善12 情12 晴12 清12 然12 浄12 浅12 盛12 税12 靖13 勢13 聖13 銑14 誠14 精14 誓14 説14
斉14 節15 線15 戦16 整16 積16 銭16 静16 聲17 鮮17 禅17 選19 関19 瀬20 摂22 繊23

【そ】

三3 双4
外5 存6 早6 壮7 宋7 束7 村7 足7 空8 卒8 其8 宗8 徂8 争8 染9 俗9 促9 奏9 相9 即9
十10 祖10 素10 孫10 側11 族11 巣11 苑11 爽11 添12 尊12 惣12 曽12 疎12 草12 象12 園13 想13 湊13 荘13
像14 槍14 箏14 綜14 颯14 僧14 造14 捜14 層15 蒼16 憎16 聡17 総17 操17 雑18 贈19 騒20 蔵20 臓24

【た】

大3 工3 丈3 手4 丹4 内4 太4 屯4 代5 巧5 平5 他5 正5 只5 台5 旦5 田5 民5
立5 玉5 匡6 匠6 圭6 多6 宅6 打6 竹6 妙7 助7 孝7 弟7 男7 谷7 辰7 忠8 汰8 直8 卓8
垂8 店8 武8 侑8 保9 建9 待9 拓9 泰9 段9 赳9 託9 高10 竜10 俵10 峻10 崇11 帯11 健11 珠11
狸11 苔11 袋11 能12 探12 替12 淡12 猛12 短12 為12 絶12 躰12 雄12 棚12 巽12 喬12 堯12 惟12 単12 敬13
琢13 退13 嵩13 団14 種14 対14 態14 瑞14 臺14 嘆14 毅15 弾15 談15 滞15 楽15 橘16 醍16 樽16 達16 龍16
沢17 隆17 館17 檀17 駿17 鯛19 宝20 滝20 畳22 体23 鷹24

【ち】

力2 千3 中4 父4 冲6 仲6 兆6
地6 竹6 池7 杖7 乳8 宙8 忠8 沖8 知8 直8 長8 治9 紂9 致9 持10 朕10 珍10 畜10 砧10 秩10
値10 帳11 張11 近11 茅11 彫11 眺11 鳥11 頂11 昼11 智12 茶12 貯12 着12 爺13 猪13 稚13 跳13 馳13 暢14

対	蝶	調	著	徴	澄	潮	築	蓄	陳	親	縮	鎮	懲	鋳	聴	庁
14	15	15	15	15	16	16	16	16	16	16	17	18	19	22	22	25

【つ】

土
3

文	月	爪	包	司	机	次	杖	佃	作	努	告	壮	角	坪	妻	弦	孟	突	辻
4	4	4	5	5	6	6	7	7	7	7	7	7	7	8	8	8	8	9	9

勉	恒	津	剛	紡	御	常	粒	紬	紹	釣	強	堤	壺	硬	詞	椿	塚	伝	勤
9	10	10	10	10	11	11	11	11	11	11	12	12	12	12	12	13	13	13	13

幹	嗣	経	附	鼓	綱	通	連	造	槌	尽	剣	摘	槻	毅	築	都	蔦	謹	翼
13	13	13	13	13	14	14	14	14	14	14	15	15	15	15	16	16	17	18	18

露	鶴	艶
20	21	24

【て】

丁	手	天	出	田	寺	汀	低	廷	弟	典	定	的	映	亭
2	4	4	5	5	6	6	7	7	7	8	8	8	9	9

帝	貞	展	哲	庭	停	偵	笛	第	堤	程	邸	迪	伝	殿	照	碇	荻	電	禎
9	9	10	10	10	11	11	11	11	12	12	12	12	13	13	13	13	13	13	14

逞	摘	徹	滴	滞	締	輝	蹄	点	転	鉄
14	15	15	15	15	15	15	16	17	18	21

【と】

斗	友	巴	戸	止	世	冬
4	4	4	4	4	5	5

外	吐	同	年	共	努	利	床	伴	豆	亨	兎	朋	取	虎	東	季	知	度	怒
5	6	6	6	6	7	7	7	7	7	7	7	8	8	8	8	8	8	9	9

飛	俊	峠	泊	肚	突	十	留	倒	徒	時	桐	洞	砥	島	討	鳥	動	問	執
9	9	9	9	9	9	10	10	10	10	10	10	10	10	10	10	11	11	11	11

敏	得	寅	堂	統	朝	敦	富	智	棟	筒	登	等	胴	淑	盗	渡	歳	殿	督
11	11	11	11	12	12	12	12	12	12	12	12	12	12	12	12	13	13	13	13

稔	頓	図	説	途	透	通	銅	徳	徹	樋	稲	部	董	導	灯	曇	篤	都	道
13	13	14	14	14	14	14	14	15	15	15	15	15	15	16	16	16	16	16	16

頭	遠	独	瞳	櫂	豊	遼	党	藤	轟
16	17	17	17	18	18	19	20	21	21

【な】

也	中	内	半	永	生	仲	名
3	4	4	5	5	5	6	6

七	成	男	並	奈	長	尚	直	波	夏	流	納	斜	梨	浪	習	苗	那	無	為
7	7	7	8	8	8	8	8	9	10	10	10	11	11	11	11	11	11	12	12

楠	楢	猶	渚	滑	菜	鳴	鍋	縄	難	薙	辺	灘
13	13	13	13	14	14	14	17	19	19	19	22	23

【に】

二	入	人	丹	仁
2	2	2	4	4

日	尼	肉	西	忍	乳	虹	庭	弱	臭	若	弐	楡	荷	新	爾	認
4	5	6	6	7	8	9	10	10	10	11	12	13	13	13	14	14

【ぬ】
布5 主5 抜9 沼9 怒9 貫11 糠17 縫17

【ね】
子3 年6 念8 音9 根10 然12 猫13 寝14 熱15 練15 錬17

【の】
乃2 之4 希7 伸7 延7 典8 昇8 信9 則9 宣9 後9 法9 紀9 乗10 軒10 展10 納10 矩10 規11 野11 望11 統12 能12 登12 載13 農13 暢14 徳15 範15 鋸16 濃17

【は】
巴4 元4 反4 白5 半5 羽6 早6 灰6 甫7 伴7 初7 八8 林8 長8 把8 明8 肌8 服8 畑9 春9 治9 波9 拝9 畠10 庭10 般10 原10 隼10 花10 倍10 秦10 芳10 珀10 馬10 啓11 培11 張11 彬11 徘11 敗11 英11 晩11 班11 背11 袢11 舶11 范11 販11 梅11 場12 番12 発12 阪12 博12 迫12 晴12 稗13 飯13 鳩13 鉢13 搏14 裸14 速14 搬14 旗14 肇14 端14 磐15 範15 腹15 萩15 魄15 葉15 箱15 幡15 髪15 橋16 播16 縛16 蓮17 繁17 霞17 遙17 蕃18 浜18 翻18 遼19 覇21 蛮25

【ひ】
人2 久3 土3 匹4 日4 仁4 比4 引4 平5 氷5 左5 疋5 弘5 皮5 光6 老6 兵7 秀7 冷7 尾7 均7 宏7 尚8 卑8 品9 彦9 姫9 払9 悔9 晃10 肥10 紘10 秘10 密11 眸11 昼11 彪11 浩11 英11 敏11 博12 等12 蛭12 尋12 皓12 斐12 碑13 裕13 稗13 脩13 緋14 菱14 賓14 寛15 樋15 広15 陽17 瞳17 檜17 拡19 響22

【ふ】
二2 不4 双4 分4 夫4 太4 文4 父4 布5 札5 冬5 生5 古5 史5 舟6 伏6 甫7 吹7 仏7 服8 房8 府8 扶8 払9 芙10 振11 浮11 笛11 船11 袋11 冨11 富12 淵12 深12 筆12 楓13 聞14 福14 縁15 節15 部15 総17 蕗18 藤21

【へ】
片4 戸4 丙5 平5 別7 兵7 紅9 勉9 返11 碧14 部15 逸15 弁16 (辨) 弁21 (辯) 辺22

【ほ】
凡3 亡3 方4 木4 他5 包5 母5 北5 本5 帆6 坊7 忘7 甫7 歩7 炎8 房8 星9 法9 保9 芳10 邦11 乾11 堀11

末	正	方	升	允	丸	又	【ま】	誉	翻	穂	墨	暮	萌	鳳	誇	程	掘	昧
5	5	4	4	4	3	2		21	18	17	15	15	14	14	13	12	12	11

益	待	眉	柾	前	亮	俣	牧	的	松	征	政	巻	昌	毎	町	曲	守	交	米
10	9	9	9	9	9	9	8	8	8	8	8	8	8	7	7	6	6	6	6

磨	諒	摩	万	増	舞	幕	槙	誠	間	雅	勝	茉	麻	祭	毬	洵	真	馬	孫
16	15	15	15	15	14	14	14	14	12	12	12	11	11	11	11	10	10	10	10

店	身	見	妙	名	光	民	未	充	右	水	巳	三	【み】	魔	護	麿	黛	学
8	7	7	7	6	6	5	5	5	5	4	3	3		21	21	18	17	16

碧	箕	瑞	通	実	緑	溝	路	幹	稔	迪	御	密	海	峰	宮	皆	美	南	味
14	14	14	14	14	14	14	13	13	13	12	11	11	11	10	10	9	9	9	8

紫	麦	室	武	宗	村	邑	向	牟	虫	六	【む】	嶺	澪	操	蓑	道	都	満
11	11	9	8	8	7	7	6	6	6	6		17	17	17	16	16	16	15

愛	飯	恵	芽	面	明	命	米	名	目	召	女	【め】	蟲	夢	睦	無
13	13	12	10	9	8	8	6	6	5	5	3		18	14	13	12

桃	持	孟	門	杜	求	守	百	戌	母	本	目	以	玄	木	文	元	毛	【も】
10	10	8	8	7	6	6	6	6	5	5	5	5	5	4	4	4	4	

谷	冶	安	矢	也	山	【や】	黙	萌	聞	最	森	盛	望	問	茂	基	者	紋
7	7	6	5	3	3		16	14	14	12	12	12	11	11	11	11	11	10

寧	槍	楊	靖	爺	凱	梁	康	恭	家	屋	耶	哉	泰	保	柳	弥	和	夜	八
14	14	13	13	13	12	11	11	10	10	9	9	9	9	9	9	8	8	8	8

柚	勇	侑	幸	征	酉	行	有	如	由	之	弓	【ゆ】	藪	薬	隑	彌	焼	愷
9	9	8	8	8	7	6	6	6	5	4	3		21	21	18	17	16	14

用	代	可	世	之	予	四	【よ】	豊	優	夢	湯	裕	雄	結	悠	雪	唯	祐
5	5	5	5	4	4	4		18	17	14	13	13	12	12	11	11	11	10

淑	寄	芳	容	洋	要	美	宜	佳	夜	依	良	利	余	仔	羊	好	吉	次	米
12	11	10	10	10	9	9	8	8	8	8	7	7	7	6	6	6	6	6	6

蓉	(豫)	予	餘	横	様	養	瑤	与	嘉	溶	揺	揚	楊	義	嫁	喜	能	善	恵
16		16	16	16	15	15	15	14	14	14	14	13	13	13	13	12	12	12	12

欄	羅	藍	頼	楽	落	乱	雷	嵐	来	良	【ら】	鷹	読	耀	曜	謡	遥	陽
21	20	20	16	15	15	13	13	12	8	7		24	22	20	18	17	17	17

覧	蘭
22	23

【り】

力	了	立	六	合	伶	利	呂	良	李	里	両	亮	律	柳	凌
2	2	5	6	6	7	7	7	7	7	7	8	9	9	9	10

倫	旅	納	栗	粒	梁	笠	淩	涼	理	琉	椋	棱	量	裏	莉	虜	琳	稜	僚
10	10	10	10	11	11	11	12	12	12	12	12	12	12	13	13	13	13	13	14

領	緑	凜	諒	輪	璃	陵	隆	遼	麟
14	14	15	15	15	16	16	17	19	23

【る】

留	流	涙	瑠	塁	類
10	10	12	15	18	19

【れ】

令	礼	伶	冷	怜	玲	烈	零	廉	練	黎	漣	歴	暦	蓮	嶺	錬	禮
5	6	7	9	9	10	10	13	13	13	15	15	16	16	17	17	17	18

麗	恋	霊
19	23	24

【ろ】

六	老	呂	良	旅	納	鹿	浪	朗	労	禄	路	廊	郎	緑
6	6	7	7	10	10	11	11	11	12	13	13	13	14	14

魯	録	蠟
15	16	21

【わ】

亘	和	波	破	若	脇	棉	渡	綿	黎	輪	藁	鷲
6	8	9	10	11	12	12	13	14	15	15	20	23

その他の漢字画数

凪(6)なぐ　菫(14)すみれ　紬(11　)つむぎ

雫(11)しずく　暖(13)だん　枡(桝)(8)ます

柊(9)しゅう　股(10)また　絃(11)げん

憂(15)ゆう　陸(16)りく　猪(13)いのしし

迅(10)じん　苺(13)いちご　莫(13)ばく

獏(15)ばく　栞(10)しおり　架(9)か

暉(13)き　櫂(18)かい　芭(10)は

遥→遙と画数同じ　凛→凜と画数同じ

桝→枡と画数同じ(国字)　來→来と画数同じ

※画数表の調べ方としては、音読み、訓読みをネット等で調べて表を見てください。例えば、「寧」は、ネイ、やすい、が読みですので、本書の漢字表では「や」のページとなります。「衣」は、え、ころも、イ、が読みですので、本書では「え」のページとなります。73ページも参照ください。

おわりに

自分の名前を変えたい。

もっといい名前にしたい。

いい運勢になりたい。


そんな人が増えてきています。

ずっと長い間、名前が気になっていたり、自分の名前が好きじゃなかった人も。

その人たちに向けてわかりやすい改名の本をということで、今回の企画を頂きました。


本のカバーデザインにはいつも感謝しています。読者の皆さんが手に取ってもらいやすいデザインにしてもらい、タイトルもいつも良いものを考えてもらっています。

やっぱり本というのは何人もの人達が関わってくれて世に出せるものなので、常に関わってくれた人達に感謝しかありません。

読者の皆さんから「読んで良かった」と言われるのが本当に嬉しいし、良いものを書こうという活力が湧いてきます。

怪談話で有名なタレントの稲川淳二さんが2023年6月2日放送のテレビ番組に生出演し、取り付かれた霊を追い払う除霊という行為を真っ向から否定し、

「簡単にお祓《はら》いとか言うけど、そんな簡単なもんじゃない。よく、霊能者が来て、浄霊って言うけど、除霊なんてできた人なんて1人もいないですよ。除霊なんてできるはずがない」と。

「～ウソもいいとこですよ。できるわけない」と話しました。


今は、神社など神様ブームがあり、自称霊能者もたくさんいます。

相談に来る方の中にも「あちこちの霊能者を訪ねてお金を何千万使ったかわからない」という人もいました。まったく一つも良くならないとも。

その話の真実はともかくとして、私は自分の研究したことを本に書いて出し続けていて、それを読者の皆さんに検証してもらいたいと思っています。

そうすることで、私の一方通行な話ではなく読者の皆さんもその内容が当たっているかどうかの答えが出せるからです。

姓名学はそこが楽しみの一つでもあります。


私が、小学生の時に、占いに夢中になり、周りの人を占ってあげて喜ばれました。

小学生の時に占ってあげた大人が、「話を聞いているとなんか引き込まれてしまって気持ちよくていつまでも聞いていたくなる」と言われたのを今でも覚えています。

偶然にもそれと全く同じことを、占い師として、テレビ番組の所ジョージさんの番組に出演したときに、番組の中でタレントのヒロミさんから言われました。

人の運勢を見てあげたり、運勢のことを話すことは相手の人が聞き入ってくれます。

みんないい運勢にひかれるし、興味があるのです。

皆さんにもぜひこの本で、周りの人を占ってあげて喜ばれてほしいのです。

運の悪い人を運の良い人に変える。

最高のことですよね。

「この『名前』にしたら、人生が変わった！」

こんなに素晴らしい開運法があるのですから。

この本を読んでいただいた読者の皆様に心から感謝いたします。ありがとうございました。

命名、改名には姉妹書とも言える『名前で人生は9割決まる』と、「なかやまうんすいホームページ」も参考にしてください。

姓名学の祖師である孔子は、どんなに災いが大きい時でも、「まず名を正すべし」と教えています。

そして、人間にとって最も大切なことは「恕《じょ》」だと言っています。

自分がされたくないことを人にしてはならない。それが「恕」だと。

私の姓名学、そしてこの本は、そこに原点があります。

末筆となりましたが、今回の本の制作にあたり大変なご尽力を頂き、いつも私以上の熱意で取り組んでくださっている、株式会社自由国民社取締役編集局長の竹内尚志氏に心から感謝いたします。

そして、制作に関わっていただいたすべての方々にこの場を借りて深く感謝いたします。

なかやまうんすい

なかやまうんすい

占術家、文字学研究家。東洋運命学協会、日本姓名学協会会長。

幼少時の大病を占術によって回復後、運命学、霊占術を独学で学び、13歳ですでに多数の信奉者を集め話題となる。

その後、中国、日本全国を行脚し、中国占術の中で最も難解といわれる姓名学を研究。画数と文字が運命に及ぼす因果関係を追求し続けて40年間10万人以上の鑑定を行う。なかやま氏の改名により幸運をつかんだ有名人も多い。「上沼・高田のクギズケ！」「アッコにおまかせ！」などテレビ番組300本以上に出演。ラジオ、雑誌などでも幅広く活躍。

門弟には、MAYUA（マユア）を筆頭に、なかやま友樹貴、なかやまローレン由麻など。

著書は、『名前で人生は9割決まる』『願いが叶う幸運象形文字』『開運と健康の黒竹棒』（いずれも自由国民社）『知るのが怖い！名前によい文字悪い文字』（河出書房新社）『社名が悪いと会社が危ない』（角川書店）『霊力のある最強の名前』（宝島社）など80冊以上。

この本についてのお問い合わせやご相談は、
左記までお願いいたします。

なかやまうんすい事務所
〒183・0023
東京都府中市宮町1・17・19・906
TEL 042・335・1166(代)

なかやまうんすい公式ホームページ
(左のQRコードからアクセスできます)
http://www.nakayamaunsui.co.jp

幸せになれる「名前」を見つける方法
この「名前《なまえ》」で、人生《じんせい》が変《か》わった。

二〇二三年(令和五年)十一月十一日　初版第一刷発行

著　者　なかやまうんすい
発行者　石井　悟
発行所　株式会社自由国民社　東京都豊島区高田三―一〇―一一
〒一七一―〇〇三三　電話〇三―六二三三―〇七八一(代表)
造　本　JK
印刷所　奥村印刷株式会社
製本所　新風製本株式会社